心理学でわかる

発達障害
「グレーゾーン」の
子の保育

杉山 崇 著

誠信書房

●はじめに●

大人には大人の，子どもには子どもの思いがあります

　突然ですが，みなさんの子ども時代は楽しかったですか？

　実は私の記憶の中では，私の幼稚園時代は幸せな思い出はあまりありません。人は嫌なことほどよく覚え，良いことはサプライズが伴わないとほとんど覚えないので，本当は楽しいことがたくさんあったかもしれません。しかし，少なくとも私の記憶では，私はほぼ毎朝泣きながら登園していました。

　なぜ，毎日泣くことになったのでしょうか？　それは，先生のお話がよく耳に入らない子どもだったからです。今だったら何らかの発達障害の診断をいただいていたでしょう。

　当時の私は黙って座っていることはできました。しかし，先生のお話を最後まで聞き続けることができなかったのです。幼稚園時代の私の頭の中は常にいろんな空想や発想がとめどなくグルグル生まれてくる感じでした。私の注意は先生のお話からすぐに頭の中のグルグルに移ってしまいます。

　その結果，「今何をするのか」がわからず，先生の「杉山，きらーい」が定型句になり，周りのお友だちには白い目で見られる毎日でした。惨めな思いを積み重ねたものです。もちろん，この状況が嫌なので先生のお話を聞くのに一生懸命になっていました。でも，それでもダメでした。

　特に惨めだったエピソードがあります。先生が怖い顔で「手を挙げなさい」と言っているのが聞こえました。そこで私は手を挙げたわけです

が，その後が大変でした。長い時間説教され，親が呼び出され，親にも長々と説教され……。実はひどい悪戯をした子どもがいたらしく，「誰がやったの？　手を挙げなさい！」だったのです。その前のお話が耳に入っていなかった私には「手を挙げなさい」しか聞こえなかったわけです。幼稚園児の私に説教されながら誤解を説明するのは無理でした。数日後，「本当は僕やってないんだ」と言いましたが，「だったら，どうして手を挙げたの」と言われて答えられませんでした。

　こんな幼稚園児だった私ですが，さまざまなご縁とお導きの中で25年前に心理学者になりました。頭の中のグルグルは脳が成長するに従って抑制できるようになりましたが，「みんなと同じことを考えられない」ことで思春期や青年期には少し悩みました。でも，研究者としては誰も思いつかなかった発想の素にもなったので役立つこともありました。おかげさまで心理学者としてはそれなりに評価してもらえています。

　さて，もしも幼稚園児の私があなたの目の前にいたとしたら，あなたはどのように感じるでしょうか？　人の話を聞かない失礼な子ども，ちゃんと話を聞くようにしつけられていない（家庭教育に問題がある），話が理解できない……知的な障害をもってるんじゃない？　などと思うかもしれません。おそらく，私自身もそう思うことでしょう。大人には大人の思いがあります。子どもとはいえ，こちらの思いに協力的でないと困ってしまうので，悪く思うことはやむをえないことです。

　しかし，子どもと向き合う大人，保育者や教育者，そして親にとって大事なことは「子どもには子どもの思いがある」と当たり前のように受け止めることです。もちろん，子どもは大人なしでは生きられないので，大人の思いに合わせる力ももって生まれてきています。しかし，子どもは成長もしなければならない存在なので，大人の思いに合わせられない思いをもつこともあるのです。

　特に大人に合わせにくい思いをもった子どもたちがいます。その多くは発達障害，またはそのグレーゾーン（診断未満）と言われる子どもた

ちです。大人にも子どもにも思いはあるのですが，合わせる力がより育っているのが大人です。子どもを上手に導いて，お互いの思いを合わせつつ子どもの成長を促す……こんな対応ができたら理想的ですね。この本は特に発達障害グレーゾーンと呼ばれる子どもと向き合うときに，理想的な対応に近づいていただくために書きました。ぜひ，最後まで読んでください。

　最後に，この本をより効果的に活用するコツをご紹介します。あなたの子ども時代は楽しかったかもしれませんが，子どものあなたの思いが理解されず，蔑ろにされてしまって切ない思いをしたこともあったのではないでしょうか。できたら，そのときの切なさを思い出して本書を読んでもらえたらと思います。そのほうが子どもの思いをより実感をもって理解できるようになるからです。相手を理解できたほうが対応はよりスムーズで双方に楽になります。より幸せでお互いに楽しい保育と教育はあなたが子どもの思いを上手に汲み取れるところから始まるのです。子どもとあなたの幸せな毎日を!!

　2019年5月

杉山　崇

はじめに——大人には大人の，子どもには子どもの思いがあります　iii

第1章 ●「子どもの発達や成長が気になる」とは何が問題なのか？　1

1. 「子どもが言うことを聞いてくれません」　1
2. 子どもは「言うことを聞かない」のではなく「言うことを聞けない」　3
3. 子どもは天使なだけではない　4
4. 大人は気になる行動が続くと心配してしまう　5
5. 「障害」は個人の中ではなく，個人と周りの間にある　6
6. 周囲の反感が最大の障害　7
7. 発達障害から愛着障害に発展する相互作用のサイクル　7
8. 愛着障害のサイクルで脳が影響される可能性も　9
9. 愛着障害のサイクルで反感や悪意が行きすぎてしまうことも　9
10. 発達障害の特徴があってもトラブルがなければ問題ない　10
11. 愛着関係や信頼感が育てば子どもも協力的で素直になる　11
12. 発達障害は誤解も見過ごしも多い——誤解を生む社会的錯覚　12
13. 発達障害が見過ごされるのはなぜだろう？　14
14. この章のまとめ　15

第2章 ● 発達障害とは何か？
——脳科学，発達心理学，進化論から見えてくるホントのところ　21

1. 発達障害の種類　21
2. 発達障害の脳は独特の心の世界を作り上げる　23
3. 脳の原点は衝動的で自分勝手なワニの脳　24
4. 好き嫌いのウマの脳，仲間を求めるサルの脳，認識・計画性のヒトの脳　24
5. 発達障害の脳は古い脳と新しい脳のバランスが崩れやすい　25

6. 先生の声が聞き取れないのはカクテルパーティ効果が働かないから　26
7. 未来の予定にノイズがかかる──ADHDの世界　27
8. ADHDのノイズの正体　29
9. ADHDにもいろいろと個性がある　29
10. 「ヒトの脳」が過剰すぎる自閉症スペクトラム障害の世界　33
11. 周りの人たちに合わせられないことで周りを傷つけてしまう　34
12. この章のまとめ　35

第3章 ●「発達障害」とはっきり診断できない「グレーゾーンの子ども」──どう関わればどう育つのか？　40

1. そのトラブルは発達障害か？　40
2. 発達障害，発達の個人差，環境の問題は区別が難しい　41
3. 相性の問題がさらに区別を難しくする　42
4. 発達障害に「グレーゾーン」が設けられたワケ　43
5. 「グレーゾーン」は明確な定義はないが設けるメリットはある　43
6. 「グレーゾーン」と向き合うためのたった二つのポイント　44
7. 母親が陥りやすい「絶望タイプ気分一致効果」のワナ　45
8. 気分一致効果に陥ると自分では気づきにくい　45
9. 保育者の気分一致効果　46
10. イライラによる気分一致効果　46
11. 気づかないうちに「自分が正しい」に固執してしまう　47
12. 「グレーゾーン」の扱い方──「発達の最近接領域」を心がける　48
13. 今現在の個性を見逃された子どもたちはどうなるの？　49
14. 愛着障害って簡単になるものなの？　50
15. 社会性は個性を祝福されることで育つ　51
16. この章のまとめ　52

第4章 ●気になるこの子はどうなるのか？──意外と悪くない！　気になる子どもたちの将来　55

1. 発達障害の子どもの未来は明るい　55
2. 知能と幸福に関する一般的な誤解　56

3. 「勝ち組」への鍵は知能より「社会に必要とされること」にあった　57

4. 発達障害を疑われても活躍している人たち①　58

5. 成功する子に育てる三つのポイント　60

6. 「できない」が早めにわかることが人生のアドバンテージに　61

7. 発達障害を疑われても活躍している人たち②　62

8. 発達障害の特徴と仕事の実際——ADHD の不注意とその対策　63

9. 多動性や衝動性は才能にできる　64

10. 気になるこの子はどうなるのか？①——自閉症における成人後にありがちなリスク　66

11. 教訓とルールで自閉症に伴うリスクを軽減　67

12. 気になるこの子はどうなるのか？②——自閉症を才能にする　68

13. 場独立性が必要な仕事　68

14. 発達障害やグレーゾーンの方の就労支援はこんなに進んでいる　69

15. この章のまとめ　71

第5章 ●「グレーゾーンの子ども」をストレスフリーな付き合い方，育て方に誘導しよう　75

1. 子どもの行動は「ヒヤヒヤ」するものだけれど……　75

2. 物理的なヒヤヒヤだけでなく，社会的なヒヤヒヤも　76

3. 子どもの脳は「世界を知る」というミッションをもっている　77

4. 抑制されすぎた子どもはどうなるの？　78

5. 衝動的な子どもはむやみに抑制されるとさらに暴れる　78

6. 「秒速褒め」と「正の強化」で子どもを信頼関係に導こう　80

7. 秒速褒めは罰とタイムラグをなくすことで効果的になる　81

8. 大人が無意識にやってしまう失敗　81

9. 「秒速褒め」のチャンスロスをなくすために反応のレディネスを作ろう　82

10. 「できる子，ハーイ」で信頼感と「できる」感を育てる　83

11. 子どもが手を挙げたらまずは褒める　84

12. 「ハイタッチ」や「両手でタッチ」で信頼感に達成感を重ねよう　85

13. 脳のミッションを中断せずに完結させる　85

14. 脳のミッションに一緒に結末をつけてあげる　86

15. ご予定ボードで未来の記憶を作ってあげる　87

16. この章のまとめ　88

第6章 ● 他害行為，物損行為，暴言……
興奮した子どもを誘導する方法　93

1. 興奮した子どもの他害，物損，危険，暴言　93

2. 気持ちの余裕がなくなる理由は大人のウマの脳　94

3. 私たちは目標を見失うとますますウマの脳が暴れる　95

4. 子どもを誘導するべき目標を明確にしよう　96

5. 最良の目標は「子どもが自発的に落ち着く」こと　97

6. 子どもを落ち着かせる言葉かけのコツ　98

7. 子どもに自分が求めていることを説明させる　99

8. 子どもの機嫌が変わる何かに誘導する　100

9. 子どもを別の場所に誘導する　101

10. タイムアウト法　102

11. 大人のクールダウン法──困っている自分を受け入れる　107

12. マインドフルな呼吸法と「自分に今できること」を探すこと　108

13. 「強い言葉かけ」「罰の示唆」「押さえつける」が必要な場合　109

14. 学習性無力感の体験が必要なことも　109

15. この章のまとめ　110

第7章 ● 特徴別「グレーゾーンの子ども」に関わるヒント①
──落ち着きがない，集中できない，お口の多動への対処法　114

1. 落ち着きのない子どもが「学びつつあること」　114

2. 指示が入らない子どもの自律性獲得 vs 創造性の発達　115

3. 自律性獲得チャンスのサインとは？　117

4. 避けたい対応は叱責的な態度　118

5. 危険な行いに対しては……　118

6. じっと座っていられない　119

7. まずは「座っていることは良いことだ」と教える　120

8. しつけを支える「やる気の方程式」　121

目　次　●　xi

9. 社会への不信感がありそうならトークンエノミーで　122

10. 集中できない　122

11. 集中の維持は大人でも難しい場合がある　124

12. 衝動的に話し出す　124

13. この章のまとめ　125

第8章 ● 特徴別「グレーゾーンの子ども」に関わるヒント②
── 「いつまでも幼いままで……」を育て上げるコツ　127

1. 子どもでもいてほしいけど，成長もしてほしい　127

2. 甘えてくる子どもと心配する母親　128

3. 甘える中で育つもの　129

4. 「甘えさせる」と「甘やかす」の違い　129

5. 「甘えさせる」と「甘やかす」の境界線は「発達の最近接領域」　131

6. いつまでも大人にベタベタしようとする子ども　131

7. 肌触りは安心感を与えてくれる　132

8. 赤ちゃん返りを繰り返すときは「再接近期」　132

9. いつまでたっても人見知りが激しい　133

10. 人は本質的に人見知り──脳の警戒信号　134

11. 「人見知り≒警戒信号」を弱める工夫　134

12. 周りの子よりも不器用　136

13. ADHD的な不器用さの特徴　136

14. いつまでも振る舞いも好みも幼いまま　137

15. この章のまとめ　138

第9章 ● 特徴別「グレーゾーンの子ども」に関わるヒント③
── 「性格」が気になる子との付き合い方　139

1. 「性格」を疑われる発達障害　139

2. 愛されれば落ち着いたはずの子どもが……　140

3. 「頑固で不機嫌」は大人になると成功の鍵になるかも　141

4. 良い頑固と単なる自分勝手を見分ける　142

5. 我の強い子との関わり方　143

6. 「諭す」は脳の成長が追いつかないときはストレスにしかならない……　143

7. 頑固に反論や「勝ち負け」の要素が入っているときは要注意　144

8. 勝ち誇った態度が入っているときはもっと要注意！　145

9. 自分の世界に入り込む子ども①──疲れやすい子ども　146

10. 内向的な性格は発達障害とは違う　147

11. 自分の世界に入り込む子ども②──ADHDの傾向　148

12. 自分の世界に入り込む子ども③──自閉症の傾向　149

13. この章のまとめ　150

文　　献　151
おわりに──発達障害の子どもと人類のダイバシティ　155

COLUMN

1-1：人が人を評価する五つの次元　16

1-2：発達障害トラブルの本質は予定調和の裏切り者扱い　18

1-3：「自閉性障害」「アスペルガー障害」「広汎性発達障害」と「自閉症（自閉性）スペクトラム障害」　19

2-1：2歳児さんの「イヤイヤ期」「ブラブラ期」とその頭の中　36

2-2：言うことを聞かないＡちゃんと保育者の間に起こったこと　38

3-1：こんな行動が発達障害を疑われやすい　53

4-1：発達障害と考えられる偉人たち　72

4-2：ADHDの個性を活かしやすい職業　74

5-1：発達の敏感期と臨界期　89

5-2：悪態で大人に嫌われてしまうＪくん　90

5-3：ずっと同じ褒め言葉でいいの？　92

6-1：日頃の言葉かけでウマの脳を落ち着かせる魔法使いになろう　111

6-2：発達障害に対する偏見やスティグマという親御さんの社会的リスク　112

「子どもの発達や成長が気になる」とは何が問題なのか？

●この章の「子どもを上手に気にするポイント」●

▶「子ども」への「気になる」は，そのほとんどが「周りとうまくやっていけるか」の心配です。
▶母親の子どもへの思いはとても深いので，先生や友だちママの何気ない言葉で深く心配することもあります。
▶「発達」の問題は心配しすぎても，油断して見過ごしてもいけません。上手に心配するコツを身につけましょう。

1.「子どもが言うことを聞いてくれません」

　心理学者である私は個性が強い子どもに悩む保育者・教育者や親御さんのお悩みをよく耳にします。その主なものが図1-1です。もちろん，子どもは思いどおりにならないものです。多少はこのようなことがあっても普通のことです。しかし，これが他の子と比べて「この子は他の子よりひどい！」と感じたら，「この子は普通じゃないのでは？」と日々の何気ない仕草も気になってしまうことが多いようです。

　周りの大人，特に親御さんは子どもを心配するものです。周りの他の子どもと同じように成長していないように見えてしまったら「無事に成長してくれるのかしら？」と不安になったり，「本当にもうちょっとしっかりしてよ」と絶望的な気持ちになります。その中で幼稚園や保育

図1-1　保育者・教育者・母親の悩み事

園，小学校の先生に「ちょっと気になります」と言われてしまったら，保育者・教育者の想像を超えた深いご心配もあるようです。「うちの子は普通に育たないかもしれない……」「私の子育ては……」と思い詰めてしまうだけでなく，「家庭教育が悪いと言われた！」「血筋が悪いと言われた！」と被害的に受け取る親御さんも少なくありません。

たとえば，保育所で遊び時間が楽しいあまり「もう終わりにしましょう」などの言葉が入りにくいお子さんがいたとします。無理に終わらせようとするとパニックになって泣いたり暴れたり……。周りの保育者にとっても子どもにとっても辛い瞬間です。この様子を親御さんにお伝えするときに保育者は気を遣って「遊びの終わりの時間やお片づけにうまく誘導するのが私たちの課題ですね〜」とお伝えしたとします。保育者としては「自分たちの課題」とお話しして親御さんを責める意図はまったくない言い方をしています。でも，成長の遅さや家庭教育を気にしている親御さんは，「『お片づけができない』『家で躾けられていない』と

言われた」と心の中で変換してしまうのです。

　お悩みが深い母親の場合，気にするのは先生のお言葉だけではありません。お友だちのママに「いつも元気でいいですね」と言われただけでも，「元気って『お利口にできない』という意味では……」と深読みして心配になってしまう場合もあります。母親の子どもへの思いは深いので，時に想像を超える深さまで心配が進むのです。このように親御さんの子どもへの心配は果てしなく深くなることがあります。

2．子どもは「言うことを聞かない」のではなく
「言うことを聞けない」

　母親が深く心配して苦しむのも，保育者・教育者やお友だちのママが子どもや親御さんに批判的だと誤解されてしまうことも悲しいことです。どうすればこのような不幸を止められるのでしょうか？　心理学者としての私なりの一つの答えは，子どもの発達について正しい知識をもって上手に心配することです。

　今，発達障害が注目されています。発達障害とは気になる行動が多いことが特徴の一つとされています。多くは「言うことを聞いてくれない」「こちらの期待どおりに動かない，成長しない」の繰り返しの中で明らかになります。ただ，子どもが大人の期待どおりにならないのはある意味では当たり前のことです。子どもの仕事は成長することなので，大人の都合に合わせられないこともあります。子どもは「言うことを聞かない」のではなく，「言うことを聞けない」のです。

　発達障害の定義や特徴は広く多くの子どもに当てはまるものなのですが，定義や特徴だけが広く知られて広く解釈されているのかもしれません。その結果として，心配しすぎる母親や保育者・教育者が多いように思われます。ご心配している親御さんや保育者・教育者さんも，子どもの発達と発達障害について正しい知識を得ることで安心してもらえるこ

とが多いように思えます。

　この本は親御さん，保育者・教育者，そして周りで親御さんや保育者・教育者を支える方々など，気になる行動を繰り返す子どもの周りにいる大人のみなさんのための本です。この本には，子どもの発達と発達障害について知っておくと保育や教育に便利な心理学と脳科学を詰め込みました。子どもを健全に育てるには，「今，子どもの中で育ちつつあるもの」と「育つためのプロセス」を正しく理解して，できるかぎり周りの大人がそれを共有できることが望ましいと言えます。ぜひ，気になるお子さんの理解と対応に活用してください。

 3. 子どもは天使なだけではない

　ここで，子どもについて考えてみましょう。子どもは一人では生きられないので，周りの大人にお世話をしてもらうための仕組みをたくさんもっています。その一つは，赤ちゃん的な姿形，専門的にはベイビーシェマ[20]と呼ばれるものです（図1-2）。赤ちゃんを見ていると，本能的に「かわいい！」と幸せな気持ちになりませんか？　赤ちゃんのキラキラの目，つるつるの肌，広い額，丸っこい頭部，など赤ちゃん的な形質は，私たちを幸せな気持ちにさせて「天使のよう！」「お世話をしたい」と気持ちを掻き立てるのです。

　そして，私たちは無意識的に子どもに天使のような存在であることを期待してしまいます。しかし，子どもは私たちを幸せにする天使なだけではありません。本当の存在理由は別にあるのです。

　子どもはこの世界を学ばなければなりません。そのためにとても旺盛な好奇心をもって生まれます。この好奇心は誰にも抑えることはできません。そして，その学び方はそれぞれのペースやスタイルがあり，時に周りの大人を困惑させます。

　子どもはもともと大人をハッピーにしてくれるだけの存在ではないの

図1-2 ベイビーシェマ

です。子どもの可愛さでハッピーな気持ちになれる分，期待に沿わないことで困惑が拡大するようです。なので，気になる行動がない……というのは，本当はちょっと不自然なことなのです。

 4．大人は気になる行動が続くと心配してしまう

　親御さんや保育者・教育者など子どもに対して懸命な大人にとって，「気になる行動」が続くと「この子は大丈夫かしら……」と心配になります。こうなると「子どもだから」では済まされず，「普通の子と違うのでは」と考えてしまいます。このような心配は，いわゆる「発達障害の疑い」と言われるものです。発達障害とは「周りが期待するような育ち方とはちょっと違う個性を発揮する」ということです。日本では1990年代頃から広く知られるようになってきました。まずは保育者や教育者に知られるようになって，今では一般のご父兄にも知られるようになってきています。この章では「子どもの気になる行動」を考えるために，発達障害とは何なのか，そして何が障害なのかを考えてみましょう。

5.「障害」は個人の中ではなく，個人と周りの間にある

　まず発達障害とは何なのかご紹介しましょう。ここで言う障害とは個性であり，病気ではありません。個性なので時には他の人にはない才能を発揮することもあります。たとえば驚くほど絵がうまい，勉強ができる，音楽ができる，気が向いた仕事は速い，記憶力が良い，など「他の人より何かができる」ということも少なくありません。

　では，何が問題なのでしょうか？　それは，社会生活を営む中で他の人よりも困難やトラブルが多いことです。つまり，個人の中にある「障害」ではなく，個人と周りの間に存在する「障害」が問題なのです[17]。

　障害について考えるために，まずは知的障害を例に考えてみましょう。知的障害とは知能の水準が一般とは異なることを言います。一般的な水準より低いことが障害と思われがちですが，実は知能が高すぎることも障害です。知能が高すぎると学校などで周りの子どもと考えていることが違ってしまって，うまく馴染めないという障害があるからです。知能が高いことは一般的には良いことと考えられがちですが，良いことばかりではないのです。欧米ではこのような子どもも支援対象になることもあります。

　知的障害と発達障害は別の障害ですが，困難の要点は周りに理解されづらく馴染みにくいという点で同じです。発達障害の場合は，年齢相応の振る舞いや気遣い，機転，分別（周りへの配慮や思いやり）がないことで周りとトラブルになります。そして，このことで周りの人々を困惑させることでトラブルを生みます。言葉を変えれば，周りが期待するような「いい子」ではないということです。もっと小さい子どもだったら普通に許されることだけれど，年齢を考えると許されにくい行動や態度が増えていくという個性なのです。

表1-1 年相応でない行動の具体例

- 他の子の持ち物を勝手に使う
- 他の子の靴を履いて帰ってくる
- 親や先生の話を聞いていない
- 周りの子を押したり，蹴ったりする
- 抱っこを嫌がる，または求めすぎる
- すぐに服を汚す
- どこでも自由に好き勝手にしようとする

 ## 6. 周囲の反感が最大の障害

　では，「いい子でない」ということがなぜ問題なのでしょうか。表1-1は発達障害にありがちな年齢相応でない行動の例です。このような行動が続く子どもがいると，あなただったらどう思うでしょうか？「まあ，しょうがないね〜」と寛大に見てくれる人もいるかもしれません。でも，中には「失礼」「無礼」「人を尊重しない」「人としてなってない」と批判的に思う人もいるのです。人をバカにしているかのように誤解されてしまって，子ども同士の中だけでなく時には大人にも反感を買ってしまいます。これによって孤立したり，大事なところでソーシャルサポートが得られずに慢性的にストレスが高い状態になってしまうのです。これが発達障害の「障害」なのです。人が人をどのように評価するかについては章末のCOLUMN1-1を見てください。

 ## 7. 発達障害から愛着障害に発展する
相互作用のサイクル

　発達障害の可能性がある子どもの多くは独特の行為や態度から「付き

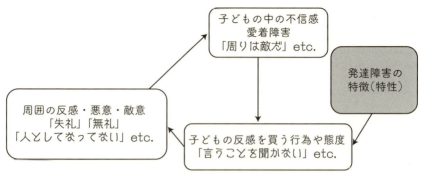

図1-3　不信感と悪意を積み重ねる相互作用のサイクル

合いにくい」「協調性がない」と見られます。そのことで反感も買ってしまいます。仮に周囲の反感に囲まれて暮らしていると，人の敵意や悪意に過敏になり反抗的で攻撃的な性格になってしまうことがあります。この状態は発達障害の二次障害，または愛着障害（文献7，本書の第3章も参照）とも呼ばれています。愛着障害に陥ると，人との良好な関係を作ることがますます難しくなってしまうのです。

　たとえば，**図1-3**のように発達障害の特徴や特性が周囲の反感を買ったとします。その反感が悪意や敵意として本人に伝わると周囲に対する不信感をもたせることになります。不信感があると素直な態度や協力的な振る舞いが難しくなります。これは本人がもっていた発達障害の特徴ではなく周囲に対する不信感に基づくものなのです。周囲の人も人間なので，子どもが素直でも協力的でもないと，さらに反感や悪意をもってしまいます。このことによって本人にはさらに不信感が積み重なります。

　このような子ども本人と周囲の相互作用のサイクルで子どもの中には不信感が，周りの中には反感や悪意が積み重なります。これが続くと学校や地域社会で身の置き所を見つけにくくなります。周りとの不和が膨らんでいくと周囲と感情的な壁が生まれて，ますます反感を買う行為も増えてしまいます。その中で「自分と周りは良好な関係だ」という安定

的な愛着が損なわれると，愛着障害といわれる状態になります。図1－3のように，子ども本人がもっていた特性がきっかけではありますが，相互作用のサイクルに陥ってしまうと発達障害の特徴とは関係なく不信感と反感・悪意を積み重ねてしまうことになるのです。

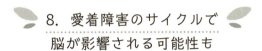

8. 愛着障害のサイクルで脳が影響される可能性も

発達障害の可能性がある子どもを育てる中で最も怖い事態がこのような愛着障害のサイクルに陥ることです。トラブルを重ねることで保育園，幼稚園，学校，時には家庭でも周りの大人から敵のように思われてしまうのです。敵のように思われると周りから警戒されてしまうので，些細なことで周りからますます悪く思われやすくなります。そして，子ども本人も敵意に過敏になる場合があります。子どもの脳は発達途上なので，周囲の環境に合わせて形成されます。周りに敵のように思われていると，脳も敵意に過敏になるように発達してしまうのです。

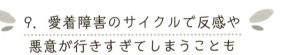

9. 愛着障害のサイクルで反感や悪意が行きすぎてしまうことも

ちょっと怖い話ですが，発達障害の疑いがある子どもの虐待では，親が子どもを檻に閉じ込める，容赦なく折檻する……という事例もあります。実は人の脳は裏切り者に対しては情け容赦しない回路（裏切り者探索モジュール）が備わっています。このような事例では，親が期待するいい子でないことで，親には子どもが裏切り者のように見えてしまったのかもしれません。そして，情け無用回路がオンになって行きすぎてしまったのかもしれません。

虐待には至らないまでも頭にきた母親が子どもに喚き散らし，子ども

も反応して攻撃的になる，そして母親は途方にくれて子育てに絶望する……という不幸は方々で見られるようです。このような事態は絶対に避けたいですよね。大事なことは「大人には大人の都合が，この子にはこの子の都合があるので仕方がない」という姿勢をキープして裏切り者と感じないことです。まずは子どもを敵のように思わないように心がけましょう（第5章参照）。章末のCOLUMN 1-2に，子どもに調和を求めすぎる大人について紹介していますのでご覧ください。

10. 発達障害の特徴があっても
トラブルがなければ問題ない

　発達障害は社会的な期待に沿わないことでトラブルになって，あるいは本人が困難に悩んではじめて明らかになるものなのです。逆に言えば，トラブルや困難，生きづらさがまったくなければ気にする必要はありませんし，問題視する必要もないのです。なので，必ずしも進行性の病気のように「早く障害の有無をはっきりさせなければ」「少しでも早く診断して治療しなければ」というものでもありません。

　ただ，学校や職場などの生活環境で対応や扱いに配慮を求めるときは，問題がはっきりと定義されていたほうが便利です。なので，このような必要性がある場合は問題についてある程度の理解は深めておいたほうがよいでしょう。

　子どもの教育や保育において大事なことは「診断をつける，つけない」ではありません。「子どもの気になる行動」を通して，子どもの個性や今育ちつつあるところを見つけてあげることです。個性は上手に活かせば才能で，困難やトラブルを招けば障害です。つまり，個性に基づく困難やトラブルを回避して，個性を活かせるように育てていけばよいのです。もちろん，これは簡単なことではありません。ただ，教育とは子どもという相手があるものなので，そもそも難しいものです。

たとえば、「子どもの個性を理解して活かせるように導く」と言葉にするとごく当たり前のことに見えることでしょう。発達障害と呼ばれる個性はちょっと独特な個性なので、当たり前のことが難しく見えるかもしれません。ですが、この本にはそのためのコツが豊富に紹介してあります。「難しい……」と諦めずに、「子どもをもっと才能豊かに」と子どもの将来を祝福しながら読んでいただければと思います。

11. 愛着関係や信頼感が育てば
子どもも協力的で素直になる

　発達障害かもしれない子どもを育てる中で大切にしたいことは**図1-4**のような相互作用のサイクルです。まったく人の反感を買わない人もいませんが、発達障害の特徴や特性があるとやはり反感を買う行為や態度は増えます。ここで、周囲が悪意や敵意をもつと図1-3のようなお互いに不幸な相互作用のサイクルに陥ってしまいます。大事なことは子どもを育てる気持ち、すなわち子どもの発達を見守る態度を確認するこ

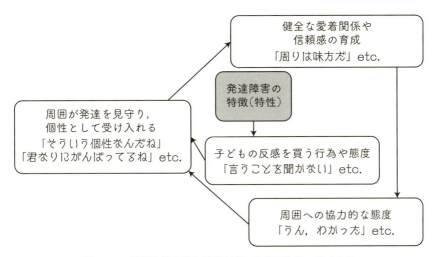

図1-4　信頼と協力的な態度を育てる相互作用のサイクル

とです。見守る態度をとれれば，個性として受け入れる心の準備にもなります。子どもへの好意的な態度にもなります。

実は人には「好意の返報性」というものがあります。自分に好意的な人に好感をもって協力的になるという現象です。発達障害の特徴がある人は一般の人（専門的には定型発達と呼ばれています）には共感しにくいと言われているので，発達障害の特徴がある場合にも好意の返報性が当てはまるのかははっきりしていません。ただ，発達障害の特徴がある人同士は共感しやすく好意的，支援的になりやすいという研究があります[19]。感じ方や考え方が近いのでお互いに受容的になりやすいことが理由だと考えられています。

つまり発達障害であっても自分に対して受容的な人には好意的で協力的な態度になると考えられます。私の相談業務を通しての印象でも，受容的な人に協力的になることが多いように感じられます。発達障害の特徴があると，私たちが思うようなかたちで好意が表れないことも多いかもしれません。しかし，好意の返報性は発達障害であっても当てはまると考えて良いと言えるでしょう。

12．発達障害は誤解も見過ごしも多い
──誤解を生む社会的錯覚──

発達障害を心配する上で難しいことが一つあります。それは，親御さんや保育者・教育者が子どもの発達障害の可能性を心配しすぎて適切な教育的対応ができなくなったり，逆にずっと見過ごされてきた子どもが成人してから大きなトラブルに発展して明らかになるということが多いことです。どうしてこのようなことが起こるのでしょうか。

それは私たちがもっている社会的な錯覚の影響です。社会的な錯覚は誰もが気づかないうちに日々陥っているものなのです。私たちは日々この錯覚で無駄に心配したり，腹を立てたり，逆にリスクを見過ごしたり

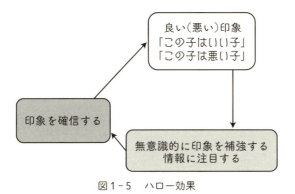

図1-5　ハロー効果

しているのです。特に親や保育者，教師などの子どもに関わる大人には社会的な行動に関わる発達障害に対してこの錯覚が働きやすいと言えます。ここでは，どのような錯覚が無駄に発達障害を疑わせ，逆にリスクを見過ごさせるのか考えてみましょう。

　まず，心配しすぎてしまう場合から考えてみましょう。先述のとおり，子どもはこの世界を自分のペースとスタイルで学ぶ存在です。もとより「いい子」であり続けられる子どもはいないのです。ご機嫌にも波があります。子どもを見る大人の視点次第では，どの子どもも発達障害に見える可能性があります。

　ところで私たちの社会的錯覚には，目につく個性から「この人はこうかもしれない」と思ったら，その印象に全体の印象が引きずられる「ハロー効果」（**図1-5**）と呼ばれる錯覚があります[41]。これは「この子はいい子だ」と思うと子どもの良いところに注目し，「この子は悪い子」と思うと悪いところに注目するという現象です。この効果で「この子は『いい子』でない。社会性が育っていない」と思うと，社会性が育っていないところに注目してしまうのです。その結果，調和を乱すエピソード，すなわち発達障害を疑う根拠になるようなエピソードばかりに注目することになります。

　こうしてその子どものことをどんどん発達障害のように思うように

なっていくのです。この現象は目についたネガティブな個性に全体の印象が引きずられてしまうことから，ネガティブ・ハロー効果とも呼ばれています。

この心の仕組みは発達障害のことが広く知られ始めた20年前から今日まで，特に母親や保育者，教師の中では起こりやすい状況が続いているようです。私の印象では，今でも発達障害の可能性が乏しい子どもたちがその可能性を疑われて，相談の対象になっていることが少なくないようです。

 ## 13．発達障害が見過ごされるのはなぜだろう？

では逆に発達障害が見過ごされていくときはどのような心の仕組みが働いているのでしょうか。理由は疑われる場合の逆の現象です。たとえば，「見た目が良い」「人懐っこく愛嬌がある」「大人に対して素直」「（周りの大人が喜ぶことを）がんばる」，など大人がポジティブな印象をもつ個性が目立つとポジティブ・ハロー効果と言われる現象が生じます。これによって全体の印象を「いい子」と見ようとするようになるのです。

相談の現場でよく見かける見過ごしの例としては，大人に喜ばれやすい習慣や行動規範が身についているので，分別のなさが目立たないという場合です。たとえば「年長者は立てる（長幼の序）」「何事も文句を言わずにやる」「多少の不平不満は自分が我慢すればいい」といった習慣や行動規範を身につけていると，少なくとも大人にとっては「いい子」です。保育者や教師といった大人の影響力が強い幼稚園や小中学校では，大人がサポーティブになるので大きな問題にはなりにくいのです。そのため「ちょっと個性強いね」とか「独特だね」と言われるかもしれませんが，発達障害的な振る舞いや分別のなさが見過ごされることになります。そして年齢を重ねて求められる役割がより複雑になったり，よ

り繊細なコミュニケーションが必要になる中でトラブルが増えてくるのです。具体的には大学受験や大学生活で，あるいは就活で，社会人生活で，または夫婦生活で大きなトラブルになって明らかになるというケースが多いようです。

　特に成人後のトラブルは失うものが大きいです。子ども時代から上手に心配してもらって，トラブルを回避する術を身につけておきたいですね。

14. この章のまとめ

　「子どもの成長や発達が気になる！」の中身をよく見ると，その多くは「周りとうまくやっていけるだろうか……」という心配です。社会は予定調和で成り立っているので，調和を乱すことが続くと社会で居場所がなくなってしまいます。そこで，親御さんや保育者・教育者は強く心配することになります。ただ，発達の問題は過剰に心配されたり，見過ごされたりしやすいのも事実です。発達障害の特徴も周囲とのトラブルにならなければ，問題ではありません。適切に心配して，適切に育ててあげたいですね。次の章からは，発達障害の正体を科学的に明らかにして，上手な心配のしかたと養育上の配慮を考えましょう。

COLUMN 1-1

人が人を評価する五つの次元

　私たちは大人同士ではお互いが「付き合いやすい人かどうか」を無意識的に評価しています。そして，その評価の視点（次元）は下の表のように「喜び」「怒り・不満」「不安・恐れ」「興味・関心」の四つの情緒のパターンに「勤勉性」を加えた五つだということもわかっています[26]。私の研究室では，この子ども版を作ってみました[10,12]。

　保育者と母親の間で話題になりやすい子どもの情緒的な問題を聞き取り，心理統計的な方法で分類しました。その結果，大人を評価する五つの視点と四つまではほぼ同じだとわかりました（下の表）。

　違いは，成人には興味・関心の幅（文化・教養の好み）の広さを気にするのに対して，子どもでは穏便（衝動的でない）かどうかを気にしていました。第2章，第3章で詳しく紹介していますが，ほとんど

保育者・教育者と母親が子どもを観る視点と，大人が大人を観る視点

子どもを観る視点 この子は…	成人を観る視点 この人は…	関連する情緒
人当りはいい？（活気）	人当りはいい？（外向性）	喜び
ご機嫌はいい？（適応性）	ご機嫌はいい？（調和性）	怒り 不満
まじめ？（勤勉性）	まじめ？（勤勉性）	―
敏感かどうか？（繊細性）	敏感かどうか？（情緒不安定性）	不安 恐れ
―	興味関心は広い？（文化・教養）	興味 関心
落ち着きはある？（穏便性）	―	衝動性

の成人は概ね衝動的なところは落ち着いています。大人では衝動性の個人差よりも興味関心の個人差が気になるものと考えられます。一方で，子どもでは落ち着き方に個人差が大きいので，大人が子どもを観るときには大事なポイントになるようです。

　ところで，落ち着きは周りと仲良くやっていくためには大事なポイントです。大人しくお利口にしていてほしい場面などでは，衝動的で落ち着きのない子どもは悪い意味で目立ってしまいます。場を乱すということで反感も買ってしまいます。もちろん「元気でいいね」と好意的に見てくれる大人もいますが，「手がかかる」「みっともない」とあまりいい視線を向けてもらえないときもあります。特に母親は子どもが周りから悪く思われないか気にしながら見ていることもあります。このような母親の心配をお察しして親身に優しい言葉をかけてくれる保育者・教育者が母親から感謝されるようです。

COLUMN 1-2

発達障害トラブルの本質は予定調和の裏切り者扱い

　発達障害的な個性がトラブルになるのはなぜなのでしょうか。実は，①この社会が予定調和で成り立っていること，②そして発達障害的な個性はその予定調和に沿うことが難しいこと，の2段階の背景があります。

　予定調和とは「あらかじめ定められた秩序に向かって全体が動く」という現象です。実はこの現象は人間社会を成立させている最も大きな法則です。たとえばルールや規則，法律もそうです。契約や取引，家電・電子機器の取説も同じです。予定調和が大事……と言われるとなんだか窮屈に感じるかもしれません。ですが，秩序があるからこの世は安定していると思いませんか？

　私たちは秩序に守られているので，これはこれで大事にしなければならないのです。秩序による安定が乱された事態が「トラブル」です。そして人間は相互に秩序を共有して，それに沿って動く人を仲間と考えます。相対的に秩序を乱す存在は裏切り者のように感じてしまいます。実は人は無意識的に周りの人を敵か味方かに分類する本能があるのです。発達障害の個性がすべての調和を乱すわけではありません。もちろん発達障害の個性は悪意や敵意に基づくものでもありません。ですが，同じ予定調和に向かう仲間でないので相対的に裏切り者のように見られてしまうのです[17]。

COLUMN 1-3

「自閉性障害」「アスペルガー障害」「広汎性発達障害」と「自閉症（自閉性）スペクトラム障害」

発達障害は「周りが期待するような発達をしていない」ことで周囲とトラブルになる障害ですが，専門家の間ではそのとらえ方，考え方が時代とともに変わってきました。特に最前線で扱い方や支え方を考えてきた教育や福祉の専門家はさまざまな考え方を提案してきました。その中で発達障害を表す多くの言葉が生まれています。そのため，発達障害を考える文脈では言葉の混乱が起こっています。ここでは，この混乱を整理してみましょう。

本書の執筆現在（2018年），国際的に活用されている診断基準であるDSM-5（米国精神医学会）では，発達障害は「神経発達症群／神経発達障害群」に分類されています。このように分類されているのは，第2章で紹介しているように神経（脳）の発達に独自の特徴が背景にあって独特な個性が現れていると考えられているからです。

実はこの分類の中に「自閉性障害」「アスペルガー障害」「広汎性発達障害」という言葉はありません。これらの言葉は一つ前のバージョ

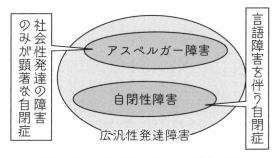

DSM-IV での自閉症スペクトラム障害の分類

ンの診断基準である DSM-Ⅳで使われていた診断なのです。その概要は下の図のとおり，広汎性発達障害が広い概念，アスペルガー障害と自閉性障害の違いのポイントが言語障害があるかないか，となっていました。

　DSM-Ⅳから DSM-5 に移行する過程でアスペルガー障害と自閉性障害が連続的（スペクトラム）であると考えられるようになりました。また，障害と健常（定型発達）も連続的，すなわちすべての人が大なり小なり自閉症的な特徴をもっていて障害と健常は程度の差にすぎないとも考えられるようになりました。そこで，DSM-5 からはこれらの言葉をまとめて「自閉症スペクトラム障害（または自閉スペクトラム症）」と呼ぶようになったのです。

　なお，「自閉性スペクトラム」という言葉も使われています。この言葉は主に研究者の間で使われることが多いようです。自閉症スペクトラム障害との厳密な違いは研究者ごとに定義が異なるようですが，何の障害もない人の中の自閉症的な一面という意味で使われることもあるようです。

第2章

発達障害とは何か？
脳科学，発達心理学，進化論から見えてくるホントのところ

●この章の「子どもを上手に気にするポイント」●

▶発達障害は文科省の分類では3種類あり，それぞれに特徴も原因も違います。
▶社会的な問題やトラブルは自閉症スペクトラム障害と注意欠陥／多動性障害（ADHD）に多く見られます。
▶それぞれに独特な脳の発達をしているので，彼らが生きる世界を理解するところから始めましょう。

 1. 発達障害の種類

　ここからは発達障害とは何なのか，その正体に迫っていきましょう。第1章で発達障害とは周りが期待する「いい子」でいられない障害と紹介しましたが，実は発達障害にもいくつかのタイプがあります。本書の執筆現在（2018年），文部科学省は**表2-1**のように3タイプに分けています。

　3タイプの中でもADHDと自閉症スペクトラム障害は社会的なトラブルになりやすく，LDは学習面で問題が起こりやすいと区別されています。なお文部科学省が分類する3タイプはすべて原因が異なります。そのため，中には二つの問題，三つの問題を併発している子どももいます。

表2-1　文部科学省による発達障害の三つの分類

発達障害のタイプ	特　徴	主なトラブル	通称とイメージ
注意欠陥／多動性障害	衝動的で，大人しくしていることや，母親や先生の話などに注目し続けることが困難	・授業中に立ち歩く ・話を聞かない／覚えていない ・忘れ物が多い	【ADHD】 ・いろいろ気になってしまう ・興味や関心が移ろいやすい
広汎性発達障害（自閉症スペクトラム障害）	興味関心の幅が狭く，他人との社会的関係の形成や維持が困難	・友だちができない ・同級生の反感を買う ・独自のルールで動く	【自閉症スペクトラム障害】 ・周りと違うことを考えている
学習障害	聞く，話す，読む，書く，計算する，または推論する能力のうち，特定の能力だけが極端に低い	・教科学習の成績不振 ・発表やプレゼンテーション，司会などの役割ができない	【LD】 ・どうしてもできない何かがある みんなと同じにできない…

　では，このようなトラブルを抱える子どもはどのくらい居るのでしょうか。平成24年に公表された文部科学省の調査では小中学校の通常学級でADHDの可能性が高い子どもが3％あまり，自閉症スペクトラム障害の可能性が高い子どもが1％以上，そしてLDの可能性が高い子どもは4.5％と報告されています。これは教師が気づいた深刻なトラブルや困難が目立つ子どもの推計です。「気になるところがある」というレベルの子どもの推計は，ADHD的な問題では25％程度，自閉症スペクトラム的な問題では35％程度，学習面に至っては50％以上と，かなり多いことがわかります。

　また，教師が気づかないだけで本人が困難を感じている子どもの数字

は含まれていません。何らかの援助が必要な子どもの数は実はもっと多いことでしょう。発達障害の問題は決して特別な子どもの特別な問題ではないのです。

上述のように学習面の問題はとても数が多く，塾などの学習サポート産業や公共事業も増えてきています。近年では公的な無償のサポートも充実してきています。しかし，社会性の問題は周囲の人々の感情的な問題もあって，理解や支援の構築が難しかった状況があります。そこで，この本では社会的なトラブルになりやすい ADHD や自閉症スペクトラム障害の問題を中心に考えていきましょう。

なお，第1章の COLUMN 1-3 でご紹介したように，自閉症スペクトラム的な問題は立場や状況によっては誰にでも多少はありえることと考えられるようになりました。そこで現在の診断基準では「自閉症スペクトラム（連続体）」と呼ばれていますが，文部科学省の分類には現在のところは反映されていません。

 ## 2. 発達障害の脳は独特の心の世界を作り上げる

第1章のリマインドになりますが，私たちが社会という予定調和の世界を生きている中で，発達障害の人たちはその予定調和からはみ出してトラブルになることが問題の本質です。では，発達障害の人たちは社会という予定調和ではなく，何を生きているのでしょうか。それは発達障害と言われる人たちがもつ脳が描き出す独特の世界です[43]。したがって，発達障害を理解するには，脳の仕組みから考えるとわかりやすくなります。脳と言うと難しく聞こえるかもしれませんが，ここでは動物にたとえてわかりやすく紹介しましょう。

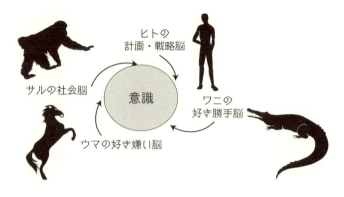

図2−1　ワニの脳・ウマの脳・サルの脳・ヒトの脳

 3．脳の原点は衝動的で自分勝手なワニの脳

　心（脳）の成り立ちの概略を紹介すると，その原点はいち早く身の回りのリスクを察知してリスク回避（衝動的な行動）を促すセンサーでした。その獲得は約5億年前と言われています。ここまで昔だと，私たちのご先祖は群れなど作らずに，それぞれに生き残っていました。まさにセルフィッシュ（自己中心的）で，周囲との協調や調和など一切考えません。自分だけが良ければいい……そんな心が原点でした。心（脳）の深層はとても自分勝手で衝動的だったのですね。この脳は「ワニの脳（脳幹）」と呼ばれることもあります（図2−1）。

 **4．好き嫌いのウマの脳，仲間を求める
サルの脳，認識・計画性のヒトの脳**

　やがて先行きを予測するために好き嫌い（いい予感，嫌な予感，愛着）を獲得しました。この脳は好き嫌いが激しい動物であるウマになぞらえて「ウマの脳（大脳辺縁系）」とも呼ばれます。次に複雑な社会を作るようになって他者を理解する心である共感する力や自分の損得を判

断する力を獲得しました。また，自分の社会的ランキングもモニタリングして，「できれば優位に立ちたい」という衝動も獲得しました。この脳はおそらく人類の祖先が社会を複雑にさせた類人猿の時代に進化したと思われます。ここでは「サルの脳（内側前頭前野）」と呼びましょう。そして最後に文字やパターンの認識，計画性や注意の切り替えなどの課題遂行能力，衝動の抑制を司る脳を獲得しました。この脳は人類の脳を特徴づけるものの一つなので，「ヒトの脳（外側前頭前野）」と呼ぶことができます。

5. 発達障害の脳は古い脳と
新しい脳のバランスが崩れやすい

　私たちの心はこのような古い心（脳）と新しい心（脳）のバランスの上に成り立っています。実はかなり微妙なバランスで，些細なことでバランスは崩れます。発達障害の個性はこのバランスの乱れから発生しています。特にサルの脳がより古い脳，あるいは新しい脳に押されてしまって働きにくくなっています。少し大雑把な表現をすれば，ADHDはヒトの脳がゆっくり成熟しているためにワニの脳とウマの脳が抑制されず，結果的に自分の損得を考えるサルの脳が圧迫されている状態です[42]。自閉症スペクトラム障害は逆にヒトの脳が働きすぎてサルの脳が圧迫されています[13]。

　このように発達障害の子どもたちは周りの人の気持ちを考える脳が働きにくくなっているので，自分の振る舞いで周りの人がどのような気持ちになるのか，自分のことをどのように見ているか，そして長期的に自分にどのような損得があるのか，を察することが苦手になるのです。つまり，発達障害の子どもたちの「心の世界」では他の人の存在が消えてしまいやすいのです。こうして失礼と思われる行いや，周囲を困惑させる振る舞いが増えているのです。章末の COLUMN 2 - 1 で自分勝手な

ときの脳の状態と対応を紹介していますのでご覧ください。

6．先生の声が聞き取れないのは
カクテルパーティ効果が働かないから

　発達障害の子どもたちが困ることの一つに「先生の声が聞き取れない」という問題があります。一般的に人は人の声に対しては特別な認識能力を発揮します。これは胎児期からその萌芽が見て取れるものです。パーティ会場や空港，ショッピングモールなどの騒音に囲まれた環境でも，人の声だけが浮かび上がって聞こえてきます。脳の中の目的の情報だけを抽出するフィルターのおかげで，周りの雑音は背景に回って話している相手の声だけが浮かび上がるのです。この現象はざわついたカクテルパーティの会場で会話が成立することからカクテルパーティ効果と呼ばれています（図2-2）。

　発達障害の子どもはこのカクテルパーティ効果が起こりにくいのです。つまり，人の声も他の騒音も同じように聞こえてしまうのです。これは発達障害の子どもには感覚過敏の傾向があるからと言われています。

　感覚の過敏さはもともと個人差があるものです。身近な例では味覚の個人差で美味しいものや苦手な食べ物が人によって違いますよね。誰でも自分独自の感覚で生きているのです。ただ発達障害の子どもは音という刺激に敏感なのでやっかいです。人の声を聞き取ろうとしても他の音に邪魔されてしまうので，人を蔑ろにしているように思われてしまうのです。

　もちろん，発達障害の子どもたちは人を蔑ろにしているわけではありません。独特な感覚強度の世界を生きているので，話が「聞こえにくい」のです。ただ，周りの人にはこの独特な世界がわからないので，「大人の話を真面目に聞いていない‼」となってしまいます。こうして

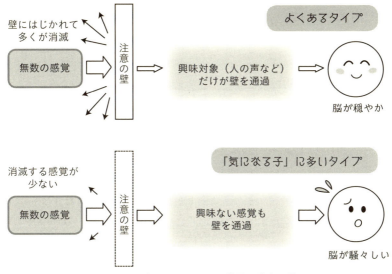

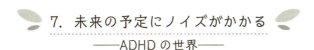

図2-2　カクテルパーティ効果と注意の壁

「失礼」「不真面目」「しつけられていない」と人間性の成熟を疑われることになるのです。周りの人も不愉快になってしまって気の毒ですが，本人も悪気がないのに疑われると何だか気の毒ですね。

7. 未来の予定にノイズがかかる
――ADHDの世界――

　次にADHDではどのような世界が見えているのかを考えてみましょう。ADHDの正式な呼び方は注意欠陥／多動性障害です。外見的な特徴が注意散漫で落ち着きがないことからこのように呼ばれるようになりました。
　ですが本当に注意力，集中力がないというわけではありません。彼らには彼らなりの注意力や集中力があります。ただし，注意や集中の対象は周りが求めていることではないことが多いのです。たとえば保育者や

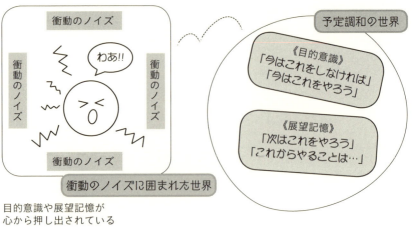

図 2-3　ADHD にありがちな世界（典型的なタイプ）

　ならいごとの指導者，親御さんが注目してほしいことは無視して，ふと目についたことや目立つ何かに自己中心的に注目してしまうのです。仮に大人が注目してほしいことに一時的に集中できて「良かった〜」とホッとしても，一瞬にして違うものに気持ちが移ってしまう場合もあります。

　ADHD の子どもたちは，なぜこのようになるのでしょうか。実は私たちは「今はこれをやろう」「これからあれをやろう」といった目的意識や「これからやること」の記憶に導かれています。このような記憶は専門的には展望記憶と呼ばれます。ADHD の子どもたちは，この目的意識や展望記憶にノイズがかかっているような状態なのです（図 2-3）。このノイズは本人の意志では取り除けるものではありません。また母親の育て方やしつけで大きくなったり小さくなったりするものでもありません。

8. ADHDのノイズの正体

　このノイズの正体は脳の成熟のアンバランスなのです。私たちは脳がとても未成熟な状態で産まれます。「生き物は胎児期に進化のプロセスをなぞる」という話を聞いたことはありませんか？　人の胎児は魚のような状態，尻尾がある状態を経て赤ちゃんの姿になります。脳も進化のプロセスをたどって成熟するのです。実は人はとても早産な動物です。脳の成熟が未完全な状態で産まれ，この世に産まれ落ちてから周囲の環境に合わせて成熟します。成熟のスピードはゆっくりで，20代なかばでようやく成熟すると言われています。

　成熟のペースは個人差が大きいのですが，ADHDの傾向が高い子どもの脳は比較的ゆっくりであることが知られています。具体的には児童期になっても乳幼児期的な脳波が見られ，脳の発育そのものもやや遅いことが知られています。そのため，サルの脳やヒトの脳が十分に機能せず，周りの人に要求されている何かに集中することや計画的に物事を進めることが苦手になってきます。これが目的意識や展望記憶のノイズの正体なのです。

　多くの場合，この発達のアンバランスは成人する頃には解消されます。少なくとも脳の発育に関してはほぼ完全に標準的な発育に追いつくようです。ただ，子ども時代に自尊心を損ねる体験や周囲から非難される体験を重ねると，強い不安や自己不全感を抱えることになって，サルの脳やヒトの脳が成熟しても適切に機能できないままになる場合もあります。伸び伸びと脳の発達を見守る環境が重要です。

 9. ADHDにもいろいろと個性がある

　実はADHDにもいくつかのタイプがあることが知られています。

ADHD 研究の世界的な権威，D. G. エイメン博士によると七つのタイプに分けて考えることが子育てや支援には有効です。ここでは博士の分類[1] を参考に各タイプの行動と脳の特徴を解説します。行動の特徴は脳の発達に基づくものだけでなく，周りとの関係の中で自尊心が損なわれたり，偏った反応パターンを身につけてしまったものも含まれています。すべてが脳の発育で説明できるものではないので，適切な環境を整えればこのような状況を回避できる可能性も，改善できる可能性もあります。

典型的と呼ばれるタイプ

気が散りやすく，手順を整えるのが苦手で行き当たりばったりで落ち着きのない行動が目立つタイプです。忘れ物や言われたことをうっかり忘れてしまう，といったことが多いので，周囲から批判されやすく自尊心を損ねがちです。そのために自分にも他人にもネガティブになることもあります。衝動的な行動を抑制して，課題や計画に集中させる脳が未熟なので，その成長を見守れる環境を整えたいですね。

不注意・無気力タイプ

典型的な ADHD から落ち着きのなさや衝動的な行動を差し引いたようなタイプです。全体的に無気力で子どもらしい活気に欠けるように見えます。課題や計画に集中することが苦手なので，周囲からは「何やってるんだ」「もっとしっかりしろ」，あるいは「もっとよく考えろ」と批判されることもあります。比較的，女子に多いと言われています。

行動の先延ばしも目立ちます。「何をやるべきか言われると答えられる」ので「わかっている」わけですが，課題や計画に集中できない上に手順を組み立てられないので，「なかなかできない」という結果になるのです。反抗的ではないので問題が目立ちにくいため，子ども時代は見過ごされてしまうことがあります。他の ADHD より敵を作りにくい

のは救いですが，グズグズしてしまうことで短気な人から「舐めてるのか！」と反感を買うことがあります。「どうすればスマートに動けるか」を身につけられる環境が必要です。

不安−過集中タイプ

　ヒトの脳は目的や課題に応じて注意の切り替えができることが特徴の一つです。たとえば，何かに集中していても時間が来たら「さっ！」と切り上げて次の予定に向かうことができます。このような注意の切り替えが苦手なのがこのタイプです。特に目立つのが必要以上にネガティブなことにこだわって，誰かに理屈っぽく反論したり，ずっと心配事を考えていたり，という心理的な問題です。心の原点はリスクのセンサーなので，脳全体の活動がアンバランスだと脳の情報処理がネガティブな方向に偏ってしまうようです。ネガティブな情報処理を矯正するよりも注意の切り替えができるようになることをサポートできる養育環境が必要です。

ネガティブ優位タイプ

　周囲が期待するような集中力に欠けることに加えて，悲観的でネガティブなマイナス思考に陥りがちなタイプです。他の子どもとの交流が乏しく，むっつりと不機嫌で活気がないのが特徴です。私たちの感情活動の中心となる深部辺縁系と呼ばれる脳が過活動で，悲観的になりやすいことが知られています。脳のこの部分はヒトの脳が成熟すると制御されやすくなります。また，香りや人の表情に敏感です。できれば周囲の人たちの穏やかな表情に囲まれた環境で不安を静めるような香りを与えながら，ヒトの脳の成熟を促せるといいですね。

イラ立ち・学習不振タイプ

　他のタイプと同様に集中力に欠けるだけでなく，気分が変わりやすく

頻繁に癇癪を起こすことが目立ちます。ヒトの脳の一部である側頭葉と呼ばれる視聴覚や物事の認識に関わるところの発達が遅いので，学習面での問題も目立つことが多いようです。側頭葉はさらに気分の安定や怒りの抑制にも関わっているので，怒りを抑えきれないあまり，身勝手なワニの脳やウマの脳が「自分だけが良ければいい」「自分の身を守らねば」と暴走して残忍で暴力的な空想にとらわれてしまうこともあります。脳のこの部分の成熟を見守ると同時に，癇癪を回避できる思考や行動のパターンを身につけることも重要です。

火山噴火タイプ

一見すると控えめに見えることもありますが，普段からスイッチが入ると多弁で早口です。些細な刺激に敏感に反応します。騒音や光にとても敏感です。身体的な接触やテリトリーを侵されることに激しい嫌悪感をもち，内面にはまるで火山の噴火のように激しい怒りが充満しています。一度何かにこだわり始めると融通がきかず，極度に反抗的になります。脳の全般が常に炎上しているような状態で，脳の抑制や沈静化に関わる部分の成熟がゆっくりだと考えられています。キッカケがあると怒りの火山が吹き荒れて手がつけられなくなることもあります。怒りのスイッチが入らない環境を作ってあげたいタイプです。

不安の強いタイプ

極度の心配や不安によって典型的にみられる ADHD の特徴が増幅されているようなタイプです。恐怖は衝動性を伴って行動のアクセルになる場合もありますが，心配や不安は適切な行動のブレーキになります。たとえば，意識が心配事で占められてしまって，するべきことに集中できない，適切な手順を覚えていられない，という事態に陥ります。不安になりやすい原因はよくわかっていませんが，不安になりやすいことを前提に生活環境や教育を考えてあげたいタイプです。

このように ADHD はヒトの脳の成長がゆっくりなことで、ワニの脳やウマの脳の働きが目立っています。ヒトの脳はゆっくりでも確実に成熟に向かうので、成熟を促す環境を作ってあげたいですね。章末のCOLUMN 2-2 と第 6 章で具体的な関わり方を紹介していますのでご覧ください。

10.「ヒトの脳」が過剰すぎる自閉症スペクトラム障害の世界

次に自閉症スペクトラム障害について考えてみましょう。実は学習の問題が伴わない自閉症スペクトラム障害の方の脳は、ヒトの脳が過剰に働きすぎていることが知られています。「ヒトの脳が活発に働いている」と書くと、良いことではないかと思われそうです。ですが実際には良いことばかりではないのです。

程度の差はありますが、誰でもヒトの脳が過剰に働きすぎる瞬間があるものです。たとえば「あれをやらねば！」「どうすればいいのか？」「次の予定は！」「あれは何だっけ？」と課題の遂行や事態の管理、物事の理解に集中しすぎていると、誰でもヒトの脳が過剰に働いてしまいます。人の気持ちや自分の立場を察しようとするサルの脳が働かなくなっているのです。みなさんも焦っていたり心配で気分的に余裕がないと、周りの人の気持ちを思いやったり、気を遣ったりできなくなったことはありませんか？　そんなときは、ついついきつい言葉遣いをしてしまったり、うっかり人を蔑ろにしてしまったり……そして後になって「気を悪くさせたかな……」と心配になった経験はないでしょうか。誰でも気づかないうちに誰かを傷つけてしまうことはありますよね。このようなときは、言うならば心が「タスクの壁」に囲まれたような脳の状態なのです。

11. 周りの人たちに合わせられないことで
周りを傷つけてしまう

　自閉症スペクトラム障害の特徴が目立つ人は，他の人よりこのような脳の状態になりやすいのです。ついつい人を傷つけてしまうことは誰にでもあることなのですが，自閉症スペクトラム障害の特徴が目立つ人はその頻度が多いのです。また，他の人から見ると大胆に人を傷つけたり蔑ろにしたりしているように見えてしまいます。誰にでもありえることなのですが，頻繁で大胆なことで人間性を疑われてしまうことが自閉症スペクトラム障害の悩ましいことの一つなのです（**図 2-4**）。

　この問題は自分が人を傷つけたり，反感を買ったりする可能性を考慮しながら社会生活ができるようになれば改善できます。就園先や学校などで排斥的な雰囲気に囲まれていると，このような力が伸びにくくなります。社会的な配慮を身につけるために，理解されやすい環境を作ってあげたいですね。なお，具体例と対応を章末の COLUMN 2-2 と第 6

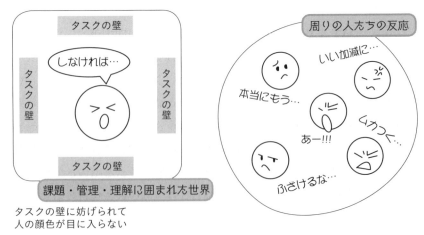

図 2-4　独特の目的意識やタスクに囲まれた自閉症スペクトラム障害の世界

章で紹介しています。ご覧ください。

 12．この章のまとめ

　発達障害は学習面での問題が目立つタイプと社会的な行動面で問題が目立つタイプがありますが，社会的な行動面で目立つADHDと自閉症スペクトラム障害は周囲の反感を買いやすく社会的に排斥されやすい状況が作られてしまいます。ただ，これは脳の発達のアンバランスのせいで何の悪意もありません。ADHDは脳の発達を促す環境づくりを，自閉症スペクトラム障害では周囲に配慮する力を伸ばす環境づくりを心がけたいところです。

COLUMN 2-1

2歳児さんの「イヤイヤ期」「ブラブラ期」とその頭の中

　2歳児さんは「魔の2歳児」，英語圏では"Terrible Two（テリボウ・トゥー）"と言われることもあります。何かが思いどおりにならないと，「イヤイヤ～！」と暴れることが多いことからついた呼び方です。「イヤイヤ期」と呼ばれることもあります。ただ，この呼び方は大人目線なので，最近では子どもに合わせて「ブラブラ期」とも呼ばれるようになりました。2歳児さんは本当は好き勝手にブラブラしたいだけなのですが，大人の都合に合わせさせられるので「イヤイヤ～！」となるんですね。

　ただ，日増しに自己主張が強くなるので親御さんの育児ストレスも募ります。実は手のかかる新生児期よりも，2歳，3歳ごろの育児ストレスが高いのです。疲れ果てると子どもを見る目にフィルターがかかって，「うちの子，大丈夫？」「何かの障害？」と心配になる親御さんも少なくありません。発達は個人差が大きいので，「イヤイヤ期」が長いお子さんは長いです。そんな親御さんをどのように安心させてあげればよいのでしょうか。2歳児さんの頭の中から考えてみましょう。

　脳の発達という意味では，2歳前後では行動や欲求のコントロールに重要なサルの脳とヒトの脳がまだ十分に機能していません。早い子では言葉も達者になって，時に偉そうなことや分かったようなことを言うものですが，実はまだまだ自己中心的なワニの脳やウマの脳が強いのです。言い換えればこの時期の脳はいまだに大人の都合に合わせることが構造的に難しいのです。その一方で体力も注意の持続力もついてきて要求が激しく，そしてしつこくなります。我が強く見えるのはそれだけ成長したということなのですが，大人からしてみると「大

変……」となるのです。

　では，脳がこのような状態のときはどのように扱えばいいのでしょうか。それは「ブラブラ」と好きにさせてあげることなのです。もちろん，危険がないように配慮はしなければなりませんが，実は好き勝手することがこの時期の成長課題を支えているのです。子どもの脳は「この世界をもっと知らなければ！（第5章参照）」というミッションをもっています。このミッションを妨げられるから「イヤイヤ〜!!」となるのです。妨げられたときに大人と子どもの関係を理解してお利口に言うことを聴くサルの脳はまだきちんと働いていないので，どうしても「イヤイヤ」になってしまうのですね。

　そして，好き勝手にいろいろとやってみて「自分にできること，できないこと」をしっかり確認するのもこの頃の脳のミッションです。なので，大人から見たら「やめてー!!」と言いたくなることをたくさんするのです。そのためにも好き勝手にブラブラとさせることが大事なのです。「ブラブラ期さんはできるかぎり好きにさせる」これが一番なのです。

　このことは2歳児さんだけでなく，脳の成長が比較的ゆっくりなADHDの傾向がある子どもの場合は小学校高学年まで続くこともあります。ただ，悩める親御さんは子どものブラブラを見守る余裕がなくなってしまうことも多いようです。たとえば，子どもが朝の身支度をブラブラしていると，「何やってるの!!」と怒鳴ってしまうこともあるようです。大器晩成という言葉もありますので，子どもに無理を要求するのではなく，まずは子どもを見守ってあげるようにできればいいですね。

COLUMN 2-2

言うことを聞かないAちゃんと保育者の間に起こったこと

　Aちゃんは親御さんにとても愛されて育った素直な子どもです。教育熱心な親御さんは3歳くらいから自然体験，スポーツ体験，観劇体験などいろいろと参加させていました。ただ，どこに参加しても自分の興味と関心だけで動き回ってしまい，集団行動に入れませんでした。就園前の母子分離の練習では母親から分離できません。登園のときにはひとしきり泣き叫んで居室に入るのが日課になっていました。母親も保育者もAちゃんも毎朝が大変です。

　そんなAちゃんですが，教室に入ってしまうと玩具に夢中で誰よりも賑やかに遊び回っていました。ただ，保育者の指示に従いません。保育者の指示を聞いて「わかった？」と問われると「うん，わかった」と素直に答えるものの，行動はマイペースで先生の指示より興味のある玩具で自由に遊び回るままです。さらにAちゃんは活動的で他の子よりも動きが激しいので，Aちゃんの持っている玩具が他の子の耳や目などデリケートなところにあたってしまうなど危険なこともありました。保育者は「言うことを聞かない子」「大人を舐めている子」「しつけられていない子」と不愉快な思いを溜め込んでいました。あるときAちゃんに厳しい指導をしました。Aちゃんはその場から逃げだして，その勢いのあまりお友だちとぶつかってAちゃんもお友だちも軽いけがをしてしまいました。Aちゃんはなぜ保育者の指示に従えないのでしょうか。

　Aちゃんの頭の中には保育者の指示はおそらくある程度は入っていると思われます。ですが，周りに子どもがたくさんいる場の雰囲気や楽しそうな玩具が衝動の壁を作ってしまって，保育者の指示が見えなくなっていると思われます。子どもによっては賑やかな雰囲気に刺激

されて湧き上がる衝動が心地よいものと体験されていないこともあります。そんなときは，注意を場の雰囲気からそらすためにお気に入りの玩具にこだわって，遊び続けるという場合もあります。心のバランスを保つだけで精一杯で，頭の中の保育者の指示を守るどころではないのですね。

　残念ながらAちゃんの保育者はAちゃんのしつけの問題と考えて強い指導をすることになったわけですが，Aちゃんの頭の中で何が起こっているのか察することができれば対応が違ったかもしれません。少々静かな環境を作ってみる，Aちゃんを刺激する玩具を置かないでおく（または存分に遊べるとき以外は倉庫にしまっておく），第6章で紹介しているタイムアウトやタイムインを導入してみる……，などAちゃんの衝動をクールダウンさせることを考えられたでしょう。

　また，しつけの問題と考えてしまうと保育者は親御さんとの面談でついつい失礼な言葉遣いが混じって，親御さんを不快にさせてしまうこともあります。Aちゃんのようなお子さんの場合はまったくしつけの過不足がないとも言えませんが，もって生まれたAちゃんなりの発達のペースによるものとも考えられるので，「Aちゃんの頭の中」で何が起こっているのか検討しながら対応を考えたいですね。

第3章
「発達障害」とはっきり診断できない 「グレーゾーンの子ども」
どう関わればどう育つのか？

●この章の「子どもを上手に気にするポイント」●

> ▶発達障害に多いとされる問題やトラブルは別の原因でも起こりうるものばかりです。
> ▶発達障害は診断が難しいので「診断未満」を意味する「グレーゾーン」が設けられています。グレーゾーンであっても支援や配慮を求めることができます。
> ▶どんな子どもも最大の個性は「日々成長すること」です。「できることは必ず増える」と信じて「発達の最近接領域」に注目してあげましょう。
> ▶母親は気分一致効果の働きで悲観しがちなので，将来への希望を与えてあげましょう。

 1. そのトラブルは発達障害か？

　発達障害の可能性を示唆するとされる特徴は，実にたくさんあります。章末のCOLUMN 3-1は，そんな特徴を集めたものです。コラムにあるようなことが続いていると「ちょっと変な子」「クセが強い子」「(悪い意味で) 面白い子」と思われていることでしょう。発達障害の可能性が考えられることが多いようです。
　ただ，これらのトラブルや特徴は発達障害でない子どもでもありえる

ことです。たとえば保育所で年少では些細なことに過敏だと思われていた子どもが年中になると他の子より落ち着いたりします。言葉の発達も年長までほぼ単語のみだった子どもが小２になる頃には他の子どもよりおしゃべりになったりします。発達障害にありがちな特徴は，発達のプロセスでは「普通に」示すことがあるのです。では，子どもの発達障害の可能性はどのように考えればよいのでしょうか。章末のCOLUMN 3 - 1には具体的なヒントを紹介しましたが，ここからは子どもの成長を見守るための基本的な考え方をご紹介しましょう。

2．発達障害，発達の個人差， 　環境の問題は区別が難しい

　子どもの発達障害，特にADHDや自閉症を考えるときに最も難しい点は，「発達」はそもそも個人差が大きいという点です。就園前の子どもの例では，同じ月齢13カ月でも意味のある発話が多い子どももいれば，ほぼない子どももいます。仮に発話があっても周囲の文脈が理解できていない子どももいれば，発話はないけれど理解できている行動をとる子どももいます。月齢を考えれば，どれもひどく心配するほどのものではありません。発達とは幅が広いものなのです。

　発達障害とは年齢相応と周りが期待する分別がなくて周囲とトラブルになるという「予定調和の障害」なのですが，どんな子どもでも大人が期待するような予定調和を破ることはありえます。そのため，周囲とのトラブルが発達障害と呼ばれる個性に由来するものなのか，発達の個人差に由来するものなのか，あるいは周囲の働きかけの問題なのか，見抜くのが困難なのです。

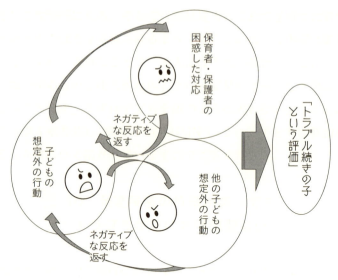

図3-1 「トラブル続き」とみられる子どもと周囲との相性の問題

3. 相性の問題がさらに区別を難しくする

　さらに人間には相性というものがあります。仮にトラブルが続いたとしても相手方の個性やリアクションの問題で想定外の行動が増えているという可能性も考えられます。たとえば大人の指示を無視した勝手な行いを繰り返して，大人を苛立たせる子どもがいたとします。これは本人の個性が偏っているためにこうなっている場合もあれば，大人がその子にイライラしているために，指示が適切な言い回しになっていなかったという場合もあります。保育者も保護者も人間ですから，子どもとの相性の良し悪しは存在してしまいます。保護者には親として，保育者もプロとして落ち着いて接してほしいところですが，無意識に言い回しが変わっているということはありえてしまうのです。

　また，子ども同士では，相手の子どもも抑制が効かないので，大人以

上に想定外の反応を起こしやすいです。その反応に刺激されてさらに想定外の行動が増えているということもあります。

このように，子どもに周りが期待する分別がないように見えたとしても，本当に発達障害と呼ばれる個性に由来するものなのかどうか判断が難しいのです（**図3-1**）。

4. 発達障害に「グレーゾーン」が設けられたワケ

このように発達障害の診断は特に子どもでは判断が難しいので，診断の「グレーゾーン」が存在します。自閉症もADHDも明確な医学的診断基準が設けられていますが，項目の多くは周囲の他者や環境との相互作用に関わるものです。そのため，本人の個性だけでその項目を満たす状態になっているかどうかはわかりにくいのです。

さらに前記のように発達とは幅が広いものなので，子どもの多くは診断項目のいくつかはほぼ必ず当てはまります。今後の変化の可能性まで考慮せざるをえないので，なかなか診断がつけられないことが多いのです。

5.「グレーゾーン」は明確な定義はないが設けるメリットはある

結果的にトラブルが多い，行動がちょっと変わっている，というだけでは発達障害なのか幼いだけなのかわかりません。ただ，「他の子どもよりも明らかにトラブルや困難が多い」という子どももいるのです。明確に診断がつくわけではないけれど，トラブルが続いて困っている子どもを放っておくわけにはいきません。助けてあげなければなりません。診断はなくても特別な支援や配慮を要することを周りに示す何かが必要

です。そこで「発達障害とは断定できない，でも放っとくわけにはいかない」という診断未満の状態を「グレーゾーン」と呼ぶようになりました[18]。グレーゾーンとは困っている子どもに何らかの援助をするために作られた言葉なのです。

現在のところグレーゾーンについて明確な医学的定義はありません。ただ，多くの子どもの実態に合うようで，子どもの行動に悩む親御さんや保育者，教育者，そしてそのお悩みに対応する医師や臨床心理士などの間で使われています。診断がなくても発達障害のグレーゾーンという可能性を伝えるだけでも就園先や学校に一定の配慮を相談できることになっています。

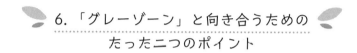

6.「グレーゾーン」と向き合うためのたった二つのポイント

グレーゾーンは白黒はっきりしないという意味です。したがって，どのように扱えば良いのかもはっきりしないという状況でもあります。では，発達障害のグレーゾーンの場合はどのように理解して，どのように扱えば良いのでしょうか。

その答えは決して難しいものでも特別なものでもありません。「個性」と言うと他の子と比べての特徴に目が向きがちですが，実は子どもの最大の個性は「成長する（変化する）可能性をもっている」ことです。これが子どもの最大の個性なのです。なので，向き合うためのポイントはたった二つです。一つは「『子どもは必ず変化する』と信じる」です。そしてもう一つは「『今，育ちつつある力（発達の最近接領域）』（文献15，本書の第3章12節も参照）に注目する」です。

言われてみるとごく当たり前のことだと思うかもしれません。しかし，実際にグレーゾーンと思われる子どもと関わると，保育者も母親もこのたった二つのポイントを忘れてしまうことが多いのです。どうして

そうなってしまうのでしょうか。次節では母親にありがちなパターンから考えてみましょう。

7. 母親が陥りやすい「絶望タイプ気分一致効果」のワナ

「発達障害（のグレーゾーン）かもしれない」と考えるということは，家庭の中でも日々何かしらのトラブルが起こっているはずです。子どもが期待どおりに育たない中でショックを受けたり，悩み込んだり，気分的に疲れ果ててしまうことがあります。すると「気分一致効果」[5]と呼ばれるものが働き始めます。

気分一致効果とは気が滅入っているときに嫌なことにばかり注目してしまう現象で，誰もが陥る状態です。この状態になると，母親の心は子どもの「(もうこの年齢なのに) できない」に注目してしまい心がそこから離れられなくなります。「(うちの子は) できない，できない！」で頭が一杯になるうちに，「ずっとできないのでは……」と心配を募らせます。すると子どもの将来と自分の未来について絶望的な想像をしてしまうのです。こうして，絶望的な想像が頭の中で繰り返されてしまうのです。

8. 気分一致効果に陥ると自分では気づきにくい

このプロセスは子どもの実際の「できない」を見ることから始まります。しかし，未来への絶望に至ってしまうと子どもの「できること」や発達的な変化に関係なく，母親の心の中で「できない」と絶望がぐるぐる回り始めてしまうのです。やがて考えていることは現実離れしたほどに絶望的な内容になってきます。そして，この状態に陥ると自分では気がつけなくなります。

父親に母親の様子がおかしいことに気づける余裕があれば，悩みを共有できるので母親は救われます。保育者の先生に相談して，「少しずつできることが増えますから」という言葉をもらって救われたという母親もいます。ですが絶望感を一人で抱え込むあまり自殺してしまう母親の事例もあります。「子どもは成長するものだ」という当たり前の希望さえ見失ってしまうのでしょうね。母親は子どものことになると思い詰めやすいので，子どもがちょっと変わっているような場合は，保育者は母親が思い詰めて気分一致効果に陥っていないか気にかけてあげることが必要です。

9. 保育者の気分一致効果

気分一致効果に陥るのは母親だけではありません。保育者も人間ですので，子どもと向き合う中で気分一致効果の状態になりえます。たとえば，子どもに親身になるあまり母親のような気分一致効果に陥る場合もあります。そうなると，その子どもと向き合うことが苦しくなってしまうことが多いようです。ついつい他の子どもに集中して目を向けなくなることもあります。

このようなときは，職場の同僚に相談すると同じように思っている場合もあるようです。気分一致効果は誰かに話すことでブレイクされることが多いので，一人で苦しくなるより誰かに話しましょう。そうすれば，「子どもは必ず変化する」という当たり前のことに目を向けられるでしょう。

10. イライラによる気分一致効果

気分一致効果は絶望感だけでなく「イライラ」でも起こりえます。子どもの「できない」に直面したときにイライラすることで，「この子は

できない！」という先入観のようなものが出来上がります。そうすると「できない」ばかりに注目して，そのことで頭が一杯になるのです。イライラが募ると，その対象の存在を呪うことになります。こうなると呪いの対象としての「『できない（ことで自分を困らせる）』あの子」のイメージが頭の中で繰り返されてしまうのです。

イライラタイプの気分一致効果はもちろん母親にも父親にも見られます。家庭における子どもの虐待の背景にこの現象があることも多いのです。ただ，事例として多いわけではありませんが，保育者がこの状態に陥ってしまうこともあります。そうなると園では子どもに厳しく当たり，母親にもきつい言い方や態度になることがあるようです。このことが母親を追い詰めてしまうことがあります。

11. 気づかないうちに「自分が正しい」に
固執してしまう

なお，イライラタイプの気分一致効果は絶望タイプよりも本人は気づきにくいことが多いです。誰かに批判的になっているときは「自分が正しい」という思いに取り憑かれてしまいます。これは母親や保育者に限らず，職場の人間関係などどこでも誰でもありえることです。誰かに話して「そうだね〜」と言ってもらうとさらにこの状態が強化されます。なので，子どもに対するイライラを同僚に話す中で，子どもや親に対する批判的な態度が強くなっている場合もあるようです。イライラしているときこそ，自分がそうなっていないか振り返る余裕があるといいですね。

最後に私の印象になりますが，真面目で責任感の強い母親や保育者ほど子どもの発達障害の可能性を考えると気分一致効果に陥って思い詰めやすいようです。成長を信じて子どもに関わることはあらゆる家庭教育や保育の基本ですが，「発達障害かもしれない」と重たく考えることで

気分一致効果に陥り，この基本を見失うことがあるのです。あらゆる子どもは「成長する（変化する）可能性」という個性をもっています。思い詰めやすい母親は，この個性に目を向けられるように支えてもらう必要があります。

12.「グレーゾーン」の扱い方
――「発達の最近接領域」を心がける――

　次に「『今，育ちつつある力』に注目する」について考えてみましょう。「成長する可能性」はあらゆる子どものもっている個性ではありますが，「今，何が成長しつつあるか？」は一人ひとりがもつ独自の個性です。そしてこの個性は「移ろいゆくもの」でもあります。

　個性というと「変わらないもの」というイメージがあるかもしれません。大人の個性を考える場合は，このような視点も重要な場合があります。ですが，特に子どもの場合は「今日のこの子は？」と，日々何が成長しつつあるかに関心を向けてあげる必要があります。日々の変化も含めて「今のこの子の個性」なのです。

　ここで重要になってくる視点として，「発達の最近接領域」という考え方をご紹介します。これは子どもを育てる者がもつべき視点としてロシアの心理学者ヴィゴツキーが提案したものです。発達の最近接領域とは「今まさに発達しつつある領域（能力）」という意味です。具体的には一人ではできないけれどヒントをもらったり，ちょっと手伝ってもらえたらできることを指します。たとえば，一人では順番待ちができずに他の子どもが使っている遊具を使いたがる子どもも，横で大人に「じゅんばんこ（順番に）だよ！」と声をかけてもらうと待てることがあります。このような場合，「順番待ち」という社会的なスキルがこの子どもの発達の最近接領域ということになります。

　発達障害のグレーゾーンの子どもに社会性を教え育てる中では「あれ

ができない，これができない」に注目すると子どもの本当の個性を見失います。「今，何が育ちつつあるのか？」という今現在の個性に注目することが重要です。そして，何をサポートしたら何ができるのか考える習慣を心がけましょう。なお，具体的なサポートは第4章から紹介しています。

13. 今現在の個性を見逃された子どもたちはどうなるの？

ここまで，子どもの個性を考えるときに「今，育ちつつあるもの」という今現在の個性に注目することが重要であるとお伝えしました。このことは当たり前のようですが，子どもに対して悲観したり，余裕がなくなっていく中では見失いがちです。また，どんな子どもにも大切なことではありますが，特に発達障害のボーダーラインの可能性がある子どもと関わるときは特に心がけたいことです。

では，このような今現在の個性を見過ごされて，発達をサポートしてもらえなかった子どもたちはどうなるのでしょうか？ 単に何かができるようになるのが遅れるだけなのでしょうか？ 実は話はそうシンプルではありません。もっと深刻な人格形成上の課題をもつ可能性が高いのです。

それは第1章でもご紹介した愛着障害と呼ばれる人間関係のより深刻な障害です。心理学で言う愛着とはこの世界や周囲の他者への信頼や心理的な絆のことです。社会で生きていく上で最も基本的な心理の一つと言われています。愛着障害では基本的な信頼感が障害されているので，人に対して疑念や怒りを覚えやすいのです（図3-2）。

たとえば人に無関心で冷淡だったり，人を避けたりします。逆にちょっと仲良くなると妙に接近する場合もあります。また，情緒的に不安定ですぐに不機嫌になって，攻撃的になる場合もあります。現し方は

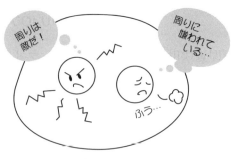

図3-2　愛着障害の内的世界のイメージ

人それぞれですが，友好的な人間関係を保てないことが特徴です。発達障害と同じく社会性の障害なので特徴が似て見えることもありますが，まったく別の障害なのです。

14. 愛着障害って簡単になるものなの？

　個性を見過ごされるだけで，愛着障害になってしまうものなのでしょうか？　実は人は人に対してとても敏感にできています。たとえば，人の感情が最も敏感に反応するのは人の表情です。特に子どもは敏感で，1歳児の実験では母親がご機嫌な顔から無表情に変わると，それまでご機嫌だった赤ちゃんが困惑して泣き始めるということがわかっています。

　あまり知られていませんが，人は脳の比較的深い階層で無意識的に自分の社会的安全をモニタリングしています。自分が社会的に安全なら周囲と親密な協力関係を築けるわけですが，脅かされるような状況なら周囲に対して警戒しておかなければなりません。「個性を見過ごされる」ということは「自分が保護されていない環境≒リスクが高い環境」と深い階層の脳が判断しやすいのです。

　大人から保護されている実感に欠ける子どもの多くは，リスクから身

を守るために人を避けたり，攻撃的になったり，逆に味方を求めすぎて妙に接近するようになるのです。子どもの頃にこのようなパターンを獲得してしまうと，成人後も安定した人間関係を維持することができず，社会生活に大きな障害が発生することがわかっています。今現在の個性，すなわち「今まさに伸びつつある『発達の最近接領域』」に大人が関心を向けることは，子どもの将来の社会性を育てる上でもとても重要なことなのです。

15．社会性は個性を祝福されることで育つ

　人はみな独自の個性をもっていますが，子どもの愛着の発達にはその個性を周りの大人に祝福されることが重要です。子どもにとっては個性を祝福される体験は自分の存在価値を祝福される体験になります。たとえば昨日は遊具に対して衝動的になるあまり順番待ちができなかった子どもがいたとします。昨日のことがあるので，真面目で慎重な母親や養育者はついつい行動を制止する方向に動機づけられてしまいやすいことでしょう。しかし，ここで「今日は『じゅんばんばん（順番待ち）』できるかな？」と声をかけるだけでも「これからできるようになる」という個性を祝福する態度になります。大人は「いつかできる！」と信じて子どもに向き合ってあげることが大切なのです。

　もちろん，大人も人間ですから子どもの「できない」が続くと悲観的になったり，気分一致効果で絶望的な気分になることもあります。常に祝福する態度をキープするのは現実問題として難しいでしょう。ですが，たとえば「まだできないの!?」「何でできないの？」「他の子はできてるのに！」と「できない」に注目される体験が続くと，自分の存在は呪われているかのように感じてしまいます。

　成熟した大人であれば，「『できるできない』と人の存在価値は別」と区別して考えることができるかもしれませんが，子どもの視点ではこの

ような区別はほぼできません。この区別は大人でも難しいことがあるので，子どもであれば尚更です。個性を祝福されれば自分という存在が祝福されたと感じますし，個性を呪われれば自分という存在が呪われたと感じます。さきほどご紹介した愛着障害は，存在を祝福されない体験を重ねることで，自分という存在が呪われていると思い込んでしまった状態なのです。この思い込みの修正はとても難しく，本人と周囲の努力が必要になる場合があります。

 16. この章のまとめ

　発達障害のグレーゾーンは成長に伴ってその特徴が目立たなくなるタイプと，逆にどんどん目立つようになって自閉症スペクトラム障害やADHDの診断を受けるタイプとあります。でも，子どもは日々成長するものなので，今日できなかったことが明日できるようになるかもしれません。そのため，発達障害の断定的な診断が難しい場合が多く「グレーゾーン」という考え方が使われるようになりました。幼稚園や保育園，学校ではグレーゾーンであっても何らかの配慮や支援を相談できることになっています。

　ただ，発達障害の可能性があっても変に特別に扱う必要があるわけではありません。日々育ちゆくのが子どもの最大の個性です。いま子どもの中で育ちつつある「発達の最近接領域」に目を向けるように心がけて，社会性の獲得を支えてあげましょう。こうすることで，子どもたちは自分の存在が祝福されていると感じるようになり，周りを大切に考えるようになります。社会性の第一歩は周りを大切に考えられることなのです。

COLUMN 3-1

こんな行動が発達障害を疑われやすい

　保育者や保護者が子どもの発達障害を疑うのは何らかのきっかけがあります。ただ，きっかけになるような子どもの特徴は，必ずしも発達障害の可能性を示唆するものではありません。ここでは，きっかけになりやすい特徴と別の理由でこうなっている可能性をご紹介しましょう。

- 幼稚園でおもちゃや遊具の譲り合いができない，などお友だちとトラブルが絶えない。
  → お友だちとの相性の可能性もあります。
- 悪気がないのに母親をイライラさせて，最後は母親が切れてしまう。
  → 親子でもお互いの個性が合わない場合は相性の問題が起こりえます。
- 園などで先生や指導者の指示に従わない。
  → 不安など他のことで頭がいっぱいという場合もあります。
- 発話の発達が他の子どもより遅く，偏りがある。または質問に対して単語だけで応える。
  → 言葉の発達のペースも個性の一つです。
- 話が一方的で聞き手がないがしろにされているような気持ちになる。
  → 聞き手に配慮した話し方は大人でも難しいことがあります。
- 遊びのルールが理解できない。または一人でおもちゃを並べて遊んでいる。
  → 不安で余裕がない場合や，シャイすぎて仲間に入れない，など

の場合もあります。

● 匂いや音の変化，接触や痛みに妙に敏感，またはとても鈍感。

　→感覚の育ち方も個性があって一時的に特定の感覚に過敏になったり，鈍感になったりがありうるようです。

● 食事の好みが偏っている，同じ服にこだわる，など生活習慣に偏りがある。

　→発達障害でなくても変化を好まない性格はありえます。

● 理由もなく手をひらひらさせる。

　→大人へのアピール，または自分独自のごっこ遊びとして行う場合もあります。

● 瘡蓋やおへそをいじり続けたりする。

　→不安が高い子どもが目の前の状況（不安状況）から気をそらすためにやっている場合もあります。

● 同じ場所をずっと駆け回っていたり，同じ行動をずっとやっている。

　→何かのごっこ遊びを一人でやっている……などの可能性も考えられます。

● こちらが注目してほしいところを見てくれない。

　→注目の指示がわかりにくい，または他に注意を引く刺激がある場合もあります。

第4章

気になるこの子はどうなるのか？
意外と悪くない！ 気になる子どもたちの将来

●この章の「子どもを上手に気にするポイント」●

▶ 発達障害と将来の成功とはあまり関係がありません。
▶ 「できないこと」にこだわらずに「できること」で社会に喜ばれることに集中することが成功の鍵です。
▶ 発達障害の特性が才能になる職場もたくさんあるので，成功している発達障害の方もたくさんいます。

 1．発達障害の子どもの未来は明るい

　ここからは発達障害の傾向が強い子どもの将来を考えてみましょう。お子さんが発達障害かもしれない……と思ったときに親御さんがまず心配することは何でしょうか？　私の印象では「この子の将来はどうなるの？」と心配なさることが多いようです。

　親は子どもの将来に自分にはできなかった人生を重ねて子どもに夢を託すものです。このことは，100年以上前にS. フロイト（1856-1939）という心理療法家が考察してから，繰り返し指摘されています。私も一人の親としてこの思いを経験しています。その夢が崩れたような気持ちにもなると，その残念な気持ちを持て余してさらに心配が深まるようです。

　ただ，親御さんの心配は多くの場合で杞憂に終わります。発達障害で人生が絶望的になるということはありません。発達障害の特徴で多少の

トラブルがあっても多くの場合は「ちょっと変わった人」と思われる程度です。職場ではちょっとした工夫でなんの問題もなく仕事をしていることも多いです[14]。逆に発達障害の特徴がいいかたちで活かされて社会的に成功したり、周りから一目置かれたりする人もたくさんいます。この章では子どもを成功する人に導くコツをご紹介しましょう。

2. 知能と幸福に関する一般的な誤解

　子どもを成功に導くために、まずは知能について考えましょう。突然ですが、あなたは「知能」が高いほうがいいと思っていますか？　一般的には知能は高いほうが有利だと考えられています。

　そのせいか、書店の育児書のコーナーに行くと「育脳」系の本が山積みになっています。意識の高い親御さんは乳幼児期から「脳を育てよう」「賢く育てよう」、とがんばっているようです。脳を育てて知能を高めると子どもの将来は明るく輝く……このような神話を信じている親が多いようです。

　神話を信じている親御さんには言えませんが、第1章で紹介したように知能は高ければいいというものではありません。実は知能が高すぎることも知的な障害の一つです[28, 29]。知能が高すぎる人たちの多くは考えていることを周囲に理解されずに自信をなくしています。また社会的に疎外されてしまって攻撃的になってしまうこともあります。知能が高すぎることが理由で社会性の障害をもつこともあるのです。このことが日本ではあまり知られていません。

　仕事でも高い知能が喜ばれない場合もあります。なぜなら、すべての仕事で高い知能が必要とされているわけではありません。仕事で求められていないことまで考えてしまって、知能の高い人が職場で持て余されてしまう事例は意外と多いのです。本人も「せっかく考えたのに……」と不満を溜め込むことになります。このように、知能が高いだけで人生

が有利で豊かになるわけではないのです。近年の研究でも年収も幸福感も知能とは関係がないことがわかっています[26]。子どもの「できない」に注目して悲観している親御さんには，このことは教えてあげてもいいかもしれませんね。

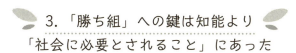

3.「勝ち組」への鍵は知能より「社会に必要とされること」にあった

　知能が人生のアドバンテージにならないとしたら，何が大切なのでしょうか？　このテーマを考えるために，まずは「人生の勝ち組」とは何かを考えてみましょう。「勝ち」の定義はさまざまですが，ここでは幸福感が高い人生と考えてみます。
　人の幸福はどこにあるのでしょうか。近年の研究では脳レベルでも人の生態レベルでも，その鍵は社会の中にあることがわかってきました。
　脳は自分が社会的に安全かどうかを無意識的にモニタリングしています。社会から排斥されるリスク，たとえば人の攻撃的な表情や態度には敏感に反応するのが人の脳なのです。逆に自分が周りの人から祝福されていると脳内では快楽物質が放出されます。私たちは人間関係の中で幸せを実感できるように作られているのです。これは発達障害の傾向が強い人であっても基本的には変わらないと考えられています。
　このように人は社会的な存在であることが科学的に明らかになりました。人は社会の中で何らかの機能を果たすことで居場所を得て，社会的な生存が許されます。たとえ高い知能をもっていたとしても，それを社会が必要としない限り人生が有利になるわけでも，豊かになるわけでもないのです。
　逆に言えば「社会が必要とすること」ができれば，社会の中で存在を祝福されるのです。必要とされていないことができても，「『普通』になろう」と無理にがんばっても社会に居場所はできません。高い知能を得

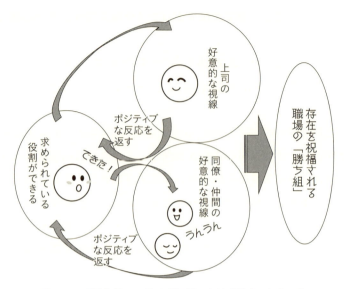

図 4-1 「勝ち組」の鍵は「知能」より「社会」にあった

るよりも，社会に必要とされる何かを身につけることが大切なのです（図 4-1）。章末の COLUMN 4-1 には発達障害と思われる特性をうまく活かして偉人と呼ばれた人たちを紹介しています。参考にしてもらえたら嬉しいです。

4．発達障害を疑われても活躍している人たち①

　知能以上に人生のアドバンテージになるものは，社会に必要とされる何かです。実は深刻な愛着障害さえなければ，発達障害で人生へのアドバンテージが得られる場合もあるのです。こう言われると驚く方も多いかもしれません。でも事実なのです。いくつかの例をご紹介しましょう。

　まずは学力があまり振るわなかった二つの例をご紹介します。中小企業に勤めるＡさんは小学校時代から自閉症的な特徴が色濃いことで同級

生からからかわれ，耳からの情報を理解するのが苦手なため学業成績も振るいませんでした。しかし，父親と母親が協力して「できないことはできないでいい」「できることはきちんとやる」を家庭の中で徹底させました。学校でも美化委員になったときには「懸命に掃除をする」など委員の仕事は実直にやり続け，学校の先生たちに信頼される生徒になりました。その結果，高校の推薦で経営が安定している優良企業に就職できました。

就職先では社会的なコーディネート力が求められる仕事は任せてもらえないので部下をもつような立場にはなりません。しかし，与えられた単純作業や繰り返しでルーティン化した仕事では誰よりも確実にやってくれます。しかも，全力で実直に。いつしか，職場の仕事に対する意識づけを作り出す存在になりました。

社長にもその存在感や文句を言わずに懸命に働く姿勢を高く評価されています。社長は「彼をみならえ」と他の従業員に語るようになり，従業員からは「コミュニケーションはとりづらい人だけど，仕事はちゃんとする人。社長が評価している人」として一目置かれています。Ａさんは職場の規律やいい雰囲気を作る貴重な人材になっていると言えるでしょう。

また落ち着きがなく想定外の行いを繰り返すことで幼稚園の先生を困らせていたＢさん。親御さんは保護者面談で「子どもをちゃんと見ていない，親の愛情が足りない」と家庭を批判され深く傷つきました。就学後も注意力がなさすぎて学業成績が振るわず，係の仕事も指示どおりにできないので生活態度も悪く見られていました。先生からも生徒からも差別的な扱いを受け続け，家族以外の人を信じられなくなりました。

ただ，父親と母親は悩みながらも「できることは必ずある」と励まし合い，家事の手伝いを通して彼の「『できること』と『できないこと』」を彼と一緒に探す試みを積み重ねました。その結果，調理や食品加工は手順を覚えれば確実にできること，「もっと美味しく」と工夫も研究も

できることがわかり，高校進学をせずに両親の出資で自分の店を開きました。若い店主の研究され尽くした味が人気を呼び，固定客も多数獲得して繁盛しています。

いかがでしょうか。ＡさんもＢさんも学校では学力不振で「負け組」に見えたかもしれません。仮に学校では優等生でみんなに尊敬されて，いい大学，いい会社に入って年収は1000万以上で……という人生を「勝ち」と思うなら二人とも負け組かもしれません。でも，人生の勝ち負けにはさまざまな考え方があります。Ａさんは職場では社長に気に入られて他の授業員には一目置かれ，Ｂさんはお店が繁盛……二人とも悪くない人生ではないでしょうか。ある意味では「勝ち組」と言えるでしょう。発達障害の子どもの未来は決して暗くないのです。

5. 成功する子に育てる三つのポイント

ＡさんとＢさんがこのように成功した秘密は何でしょうか？　たまたま運が良かっただけでしょうか。実は二人にはある共通点があります。それをまとめると次のように三つに集約できるでしょう。

- 両親が子どもと向き合い「何ができるか？」を一緒に探す積み重ねをしている
- 誰かと競うより「できること」に長期間一緒に集中して効力感を育ててあげている
- 効力感が社会で喜ばれる行いに結びついている

父親，母親との良い関係が子どもの心理を安定させます[27]。心理的な安定は青年期以降の成功の礎になることも示唆されています。両親に大切にされることで「自分は守られている」という確信が生まれ，自信をなくしそうなときに挑戦する勇気をもらえます。また，社会に対する信

頼感と愛着が生まれ、社会に喜んでもらえることを素直にやろうという気持ちが育ちます。結果的に社会に必要とされることができるようになり、居場所の獲得につながるのです。

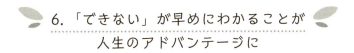
6.「できない」が早めにわかることが人生のアドバンテージに

　また「他の人もやっていること」で競うよりも、「他の人がやらないこと」を自分の特徴にすることはビジネスの領域では「ニッチマーケット」と呼ばれる戦略です。安定的に居場所を確保できるので、社会的存在としての人の幸せを考えたときにはとても合理的な生き方と言えます。

　では、Ａさん、Ｂさんのご両親はこのことを狙って育てたのでしょうか。ちょっと極端な表現をすれば、発達障害の傾向が明らかで学業も不振だったからこのようにできたと言えるでしょう。親は子どもに多くの期待をするものです。期待が崩れるのは心理的に苦痛なので、期待どおりを子どもに求めます。つまり、期待をするということはありのままの子どもが見えなくなるリスクがいっぱいなのです。

　ＡさんもＢさんも期待を大きく裏切ってきたと思われますが、このことで親は早々にありのままの子どもと向き合わざるをえなくなりました。「できない」が積み重なるのは苦しかったと思われます。ただ、発達障害の傾向をきっかけに子どもに向き合えたことが奏功したと言えるでしょう。

　また、日本では何でも「普通に」「みんなと同じに」と子どもに求める傾向があります。学校は同年代の子どもたちを競わせる中で育てるシステムなのです。発達障害の傾向でみんなと同じにできないことで、変な競争から逆に離脱できました。このことが逆に「できること」の追求につながり、彼らなりのニッチマーケットを獲得する原動力になったの

です。このように「（みんなより）優れている」ではなく，「できない」がたくさんあったことで，逆に両親からの関心を得て，ニッチマーケットの獲得というアドバンテージを得たと言えるでしょう。

 7．発達障害を疑われても活躍している人たち②

　次に学力が標準よりちょっと上だった例を紹介します。発達障害は知的な問題とは別なので，行動面では心配でも学力は優れている場合もあります。たとえばＣさんは幼稚園時代から頑固で我が強くトラブルが絶えませんでした。根は人懐っこくて寂しがり屋なのですが，お友だちとはおもちゃや遊具の順番をめぐってよくケンカになっていました。遊具が使えるタイミングを予告されていたら問題ないのですが，自分が使えると期待してしまうとがまんが効かずトラブルになっていたようです。

　周囲から心配されていたＣさんですが，小学校に入ると気に入った教科は授業の進度より早く教科書を読み進めるような子どもになりました。成績は教科による偏りが大きかったようですが，得意な科目では100点を多くとりました。一方で，この頃から言葉遣いや態度の問題で友だちから反感を買うようになりました。時に先生に対しても反抗的で，一部の理解のある先生を除いて学校では問題児扱いでした。

　そんな状況の中で，あるとき，Ｃさんの係の仕事の不備をめぐってクラスで多数派を形成する男女のグループと対立になりました。Ｃさんも素直に謝らないので，ますます対立が深刻になります。そして，集団心理に駆られたと思われる男女のグループは教師の目の届かないところでＣさんを集団で責め立てました。Ｃさんは体の大きい男子にどつかれるなど暴力的な扱いも受けました。教師は問題を把握しましたが，Ｃさんには「大丈夫だよな」の一言だけで丁寧に対応しませんでした。このことで学校が嫌になり，一時は不登校気味にもなりました。

　ただ，勉強はそれなりにできたので高校，大学に進学しました。大学

ではマイペースにできる環境と彼の得意なことが評価される学部学科を選んだこともあって，グループ学習ではリーダー的な役も務めることもありました。就職した企業でも配属されたチームの中で作業については適切な提案ができるので，いつの間にかリーダー的な役割をとるようになりました。

もちろん，大学でも就職先でも反感をもつ先輩もいたので，小さなトラブルがなかったわけではありません。ただ，実際の役職がリーダー的なポジションになってからは，適切に物事を進められるところが頼りにされるようになりました。会社も空気に流されずに適切な方向にチームを導く指導力が評価されて，喜ばれています。

Cさんの場合は自閉症スペクトラム障害の傾向が強く，衝動の抑制も難しくてADHD的な面もみられます。周囲からはとても心配された子ども時代でした。しかし，大学に入って得意なことが活かせるようになり，働き始めてからは周囲に左右されないところが結果的に評価されています。発達障害の特性は使い方次第では，仕事で評価される何かに変わるものなのです。

8．発達障害の特徴と仕事の実際
────ADHDの不注意とその対策────

LDを除けば，発達障害の傾向と学力はあまり関係ありません。逆に学業成績が高い発達障害の傾向が強い子どももたくさんいます。そのような子どもの多くはCさんのように高校，大学くらいになると「勉強ができる」ということでそれなりの居場所を確保できます。働き始めれば，Cさんのように特性が活かせる職場なら重宝されることもあります。ここからは発達障害の特徴をもつ人が実際にどのような工夫をして仕事をしているのか，ご紹介しましょう。

まずはADHDによくあるパターンから考えてみましょう。子ども時

代にADHDの特徴が目立った子どもの多くは，衝動性や多動性は年齢とともに落ち着いてくることが多いです。このタイプは，年齢の割に人懐っこかったり，素直だったりするので愛されるキャラクターになることもあります。

　困ることが多いこととしては，「目の前の課題や作業に没頭して他のことを忘れてしまう」という不注意ミスです。これの改善にはそれなりの努力が必要です。よくありがちなミスが先延ばしです。「これ後でいいや。今はこっちが大事だし」と本人は優先順位をつけて計画的に行っている気になっています。

　しかし，ADHDの特性として目の前の課題や作業に集中すると次第に高揚して，後々に予定していたことが記憶の片隅に追いやられてしまいがちです。結果的に「あ，大事なことを忘れていた！」または「時間が経つのを忘れていた！」という事態に陥ります。そのため，責任の幅が広がってくると「次にやるべきこと」を忘れていて困ってしまうことがあるようです。このことで「やる気がない」「失礼だ！」「敬意に欠ける」といった評価を受けて損をしてしまう場合もあります。本人も不安や生きづらさを感じるようになります[9]。周りの対応が冷たすぎると適応障害に陥る場合もあります。

　ただ，この問題はADHDでない人でもありえることなので，スケジュール帳を作ったり，ネットを活用したリマインダーで自己フォローしながら暮らしています。人よりちょっと丁寧にスケジュールややるべきことの管理をする習慣を身につければほとんど問題は起こりません。

 9．多動性や衝動性は才能にできる

　大人になっても多動性や衝動性が落ち着かなかったらどうなるのでしょうか？　学校や職場でありがちなこととしては，周りから「せっかちな人」と思われることです。たとえば次のような行動や特徴が多いと

言われています。

- 終わっていないのに次の作業に移ろうとする
- 時間のかかる課題や人の冗長な話が続くとテンションが下がり，時に不機嫌になる
- 会話の中での不自然な発言や，唐突な話題の変更で周囲を戸惑わせる
- 会議や話し合いが長引くと内職を始めたり，離席したりする
- 人当たりがいい割に相談や報告が苦手
- 単純な書類の記入漏れ，確認不足など，単純作業，事務，雑務が苦手で中途半端
- 興味をもったことや好きな仕事には果てしなく没頭する
- 人当たりがよく，他の人より親しみを覚えさせやすい

　一言でまとめると問題は「作業やコミュニケーションが雑なところと妙に丁寧なところの落差が激しい」と言えるでしょう。程度の問題もありますが，グレーゾーンのレベルであれば高校，大学までさほど大きな問題にはなりにくいことが多いです。ただ働き始めると周囲を困惑させる場合があります。

　工夫と努力としては主に二つです。一つは「作業やコミュニケーションを丁寧にする習慣」を身につけることです。スケジュールの管理に加えて書類や作業の確認をくせにするのです。コミュニケーションでは発言の前に「これを話したらこの先どうなるか……」とシミュレーションしたり，会議では一度メモに書き出して「これは発言する必要があるかどうか」と確認するなどを習慣にしましょう。相談に関しては日頃から挨拶やお礼などの何気ないコミュニケーションを大切にして，相談しやすい空気を維持できるように心がけましょう。ネットや本で紹介されている報連相のマナーに興味をもって喜んでできるようになれば完璧で

す。

　もう一つは，ADHD 的な行動や特徴が才能になる職業や立場に就くことです。愛着障害のない ADHD の個性は興味があるものに情熱を傾けられ，短期的にはほぼ誰にでも人当たりの良さを発揮できます。また，発想力や感性が豊かで行動に勢いがあることが多いので，これらの特徴が必要な職種に就けばよいのです。ADHD とは別の次元の得意不得意もあるので，個々それぞれに考えなければなりませんが，章末の COLUMN 4-2 に紹介されているような職種で活躍しやすいと言われています。

 ## 10. 気になるこの子はどうなるのか？①
――自閉症における成人後にありがちなリスク――

　次に自閉症の子どもの将来を考えてみましょう。多くの場合，自閉症的な特徴の一つである「空気を読まない」は成人後も変わらない個性として発揮されます。そのため，周りの人の様子やご機嫌を察して動く仕事や職種に就くと周りが戸惑うことがあるようです。「空気を読まない」はグレーゾーンの範囲内なら，高校まではリーダーなど気遣いが必要な立場に就かなければ大きな問題にはなりません。高校生活までは比較的何をすればよいのかが決まっているからです。時に教師から「決められたことをきちんとやる」という面を評価されることもあります。そのためリーダーに推されることもありますが，周囲の理解と支えがないとリーダーとして機能しにくいことも多いようです。

　一方で，大学生以降は複雑なことや社会性が必要なことに取り組むことが増えます。教わったことや指示されたことに「裏の意味」があるなど，正しい理解には想像力が必要なことも多くなります。そうすると，理解が追いつかずに周囲を戸惑わせることが増えてくるようです。

　また，利害の対立，立場の違いなど人間関係が複雑になってくると，

どのコミュニティでもお互いに不満がたまり陰口や根拠のない感情的な噂，時にデマが流れるものです。自閉症的な傾向がなくてもこのような話に感情的に反応して人間関係をさらに複雑にしてしまうことがあります。自閉症的な特徴があると，普通なら聞き流すような話でも真に受けて信じてしまうことがあります。これは「自閉症的な素直さ」と言われることもありますが真に受ける分だけショックが大きく，そのために不適切な態度（怒る，避ける，など）をとったりしてトラブルになることがあるようです。

 11. 教訓とルールで自閉症に伴うリスクを軽減

ではどうすればよいのでしょうか。中学・高校まで自閉症的な特徴が続くようなら，周囲の大人があらかじめ次のようなことを教訓やルールとして教えてあげましょう。

- 人間関係は楽しいものだけれど，長く続くと不平や不満がたまるもの
- 人は基本的に信じられるものだけれど，時に不満のあまり陰口や悪い噂を流すもの
- 信じるべき話と，聞き流すべき話（陰口や悪い噂）は区別しよう

大切なことは「人間関係は怖いもの」と思わせることではなく，基本的には「楽しく，信頼できる」という表面がある一方で「不平・不満と嘘」という裏の面もあると理解してもらうことです。そして，裏面には深入りせずに表面に注目して生きるという習慣を身につけることです。このような覚悟を身につけておけば，少なくとも複雑な人間関係をショックや戸惑いでさらに複雑にしてしまうことは少なくなるでしょう。

12. 気になるこの子はどうなるのか？②
——自閉症を才能にする——

　自閉症はその昔は「過剰男性脳」とも呼ばれていました。脳の特性は男女差よりも個人差のほうが大きいのですが，平均値をとると男性と女性の違いが出てきます。自閉症は相対的な男性的と思われやすい脳の使い方が得意です。なので，一般的には男性のほうが得意と言われる役割や仕事に就くと自閉症の特徴が才能になることがあります。

　男性的な頭の使い方は，心理学では「場独立性」と呼ばれています。この特徴を一言でまとめると「周囲の意見や場の雰囲気に流されず，ルールや法則に基づいて物事の認識や判断ができる」と言えます。なお，女性的とされる頭の使い方は「場依存性」と呼ばれています。周囲の意見や雰囲気を敏感に察することが得意です。環境のデザインや人に対する細やかな対応に向いていると言われる個性です。

13. 場独立性が必要な仕事

　「場独立性」を仕事と結びつけて表現すると，次のように表せるでしょう。

- 法律や規定，規則，設計図など定められた細かいルールを意識して，コツコツと緻密な作業を行う
- 複雑な文字や数値の集まりから，必要な情報を発見したり，情報をまとめ上げる
- 周りの雰囲気や気分的な判断に流されずに，目的に応じた判断や遂行を行う

では具体的な職種としてはどのような何が考えられるでしょうか。自閉症とは別の次元の得意不得意次第ですが，次のように手間暇がかかっても答えが明確な職種で活躍することが多いようです。

- 経理，財務，法務，情報管理などの所定の手続きを守らなければならない仕事
- エンジニア，プログラマー，CADオペレーター，検査技師など特別な機器やツールを使いこなす仕事
- 精密機器メンテナンスのルート営業，IT系のテクニカルサポート，工場や工房での制作など決められた知識や手続きを繰り返す仕事
- 研究者やアスリート，独創的なクリエイターなど持続的でストイックな集中力と専門性を必要とする仕事

要は仕事内容も環境も変化が少ない労働環境が必要と言えます。この他にも自営業や企業で成功している例もあります。このように自閉症が活かせる仕事もたくさんあるのです。

14. 発達障害やグレーゾーンの方の 就労支援はこんなに進んでいる

この章の最後に，厚生労働省と多くの企業が取り組んでいる試みを紹介しましょう。本書の執筆現在（2018年）では，ハローワークにおける職業相談・職業紹介でも個々の特性に応じたきめ細かな就労相談が行われています。もちろん学校や支援施設と連携したチーム支援も行われています。チーム支援では就職の準備段階から職場定着までの一貫した支援が行われています。

また，コミュニケーション能力の支援プログラムも行われています。このプログラムは職場で起こりやすいコミュニケーション上のトラブル

を未然に防ぐものです。

　また，一つの勤め先でうまくいかなかったとしても，職業リハビリテーションと呼ばれる支援も広がりつつあります。職業の適性や働くための準備状態をキャリア・コンサルタントなどの専門家がアセスメントして，就労に向けた支援をしてくれます。また働き始めてからも，職場にジョブコーチを派遣して職場に定着できるように支援もしてくれます。親御さんの将来の不安に対して「あまり知られていませんが，発達障害の方の将来は意外と明るいようですよ」と教えてあげられると，安心感を与えられることでしょう。

　このように発達障害の子どもの将来には大きな心配はいりません。特別な才能を発揮できなくても発達障害やグレーゾーンの方が能力を発揮できる仕事を探す支援，職場を作る支援が厚生労働省の施策を中心に進展しています。実は厚生労働省はこれまで社会で活かされてこなかった発達障害と言われる人たちの潜在的な能力に注目し，その開拓を進めているのです。企業もこの章で紹介したＡさんやＢさん，そしてＣさんのように労働者としての発達障害の魅力に注目し始めています。

　もちろん，職業の中で能力を活かす施策ですので，COLUMN 4-1で紹介したような天才的な偉業達成を支援するわけではありません。発達障害の特別な才能が偉業になるには，さまざまな幸運が重なる必要があるからです。なので，「偉業を成し遂げる天才」とはいきませんが，発達障害やグレーゾーンを疑われる子どもの未来は親御さんが想像するよりも明るいことが多いのです。

　必ずしも「末は博士か大臣か」というわけではありませんが，発達障害やそのグレーゾーンと呼ばれる人たちはその特別な能力が期待されています。能力を発揮するための支援はこれから広がっていくことでしょう。

15. この章のまとめ

　発達障害的な個性が強くても，知的な障害が軽くて愛着障害さえなければ特別な才能を発揮することもあります。特徴が際立つタイプでも，悲観する必要はありません。「満遍なくなんでもできる優等生」でなくても，「社会が必要とする『できること』」に集中できれば，分散してしまって居場所を見つけきれない人よりも社会における「勝ち組」として幸せにやっていけるのです。

　「できない」に注目すると子どもの可能性を見失います。労働市場を意識して，どのような「人材」として職場で評価されそうかをイメージしてあげましょう。

COLUMN 4-1

発達障害と考えられる偉人たち

　発達障害，またはグレーゾーンにいる人は他の人と同じことができないことがあります。ですが，他の人にはできない特別な才能をもっていることもあります。もちろん，必ずしも特別な才能が活かされているとは限りませんが，幸運にも活かすことができた人たちは「偉人」と呼ばれる業績を残すこともあります[4]。子どもの将来を心配する親御さんには「どんな個性も活かし方では才能になりますよ」と教えてあげましょう。

　たとえば発明王として有名なトーマス・エジソン（1847-1931）の子ども時代は放浪癖があってなかなか家に帰らずたびたび家族を心配させていたそうです。また，どんなガラクタでも大切にしまい込み，何時間でも馬車の行列を眺めていたりとかなり変わった子どもでした。学校ではノートにいたずら書きをする，居眠りをするなどで問題児として扱われていました。ADHDの特徴が色濃いだけでなく，自閉症の特徴も備えていたとされています。しかし，ADHDの爆発的な集中力と自閉症のこだわりが彼の研究への姿勢を支えていたと考えられます。

　また，電池の開発者で有名なアレッサンドロ・ボルタ（1745-1827）は4歳まで言葉がしゃべれないという学習障害を備えていました。少年期には砂金探しに出かけて泉で溺れかけ，よく家にあるものを手当たり次第にめちゃめちゃにしてしまったそうです。すべて彼独自の発想による挑戦や実験の結果でした。青年期には高名な電気物理学者たちの片っ端から手紙を出し……と現代ならADHDと考えられる行動が多かったそうです。

　日本人では葛飾北斎（1760-1849）が発達障害の可能性が示唆され

ています。北斎は好みの菓子以外は食べないという偏食があり，衣類の破れも気にせずにひたすら絵を描いていたという自閉症と思われる特徴がありました。また，部屋は散らかし放題で引っ越しと改号を繰り返すという ADHD と思われる特徴も知られています。

　このように偉人と言われる人たちには発達障害の特徴をもった人が少なくありません。発達障害の特性をもっていても，彼らはその特性によって生み出すものが他の人より優れていたので，社会の中でそれなりに尊重をされながら生涯を送りました。現代でも，そして偉人でなくてもこのことは変わりません。

　第 4 章の後半で紹介していますが，発達障害の特性が有利に働く職業もたくさんあるのです。つまり生き方や働き方の選び方次第で発達障害の方も幸せな人生を送れるのです。「どんな個性も活かし方では才能になる」，このことはまぎれもない真実なのです。

COLUMN 4-2
ADHDの個性を活かしやすい職業

　本文にもあるようにADHDの個性は職業に活かすことができるものです。次に紹介したものはADHDの個性が才能として活きやすいと言われている職業です。もちろん，職業にするためにはADHD以外の向き不向きのマッチングと一定の努力も必要です。

- 医師，看護師，弁理士，消防士，整備士，警察官など迅速に専門的な役割を果たす必要がある仕事
- 営業，販売，コールセンター，レセプショニストなど短期的な人当たりの良さが必要な仕事
- アーティスト，クリエーター，パフォーマー，スタイリスト，ライター，ベンチャー企業の職員など業務サイクルが比較的短く情熱が必要な仕事
- 建築士，研究者，職人，技師など特別な知識や技術，集中力が必要な仕事

　これらの職種ではADHDの特徴を才能にしていい仕事ができる場合も多いのです。たとえば，発明王と言われるT. エジソンやファンの多い日本史上の人物，坂本龍馬（1836-1867）はADHDの可能性が高いと言われています。すべての子どもが偉人や著名人になるわけではありませんが，ADHD的であっても子どもの可能性は無限大です。将来を祝福してあげましょう。

 第5章

「グレーゾーンの子ども」を
ストレスフリーな付き合い方，育て方に誘導しよう

●この章の「子どもを上手に気にするポイント」●

> ▶子どもの行動への「ヒヤヒヤする」には物理的な危険と社会的な危険がありますが，大人はヒヤヒヤに振り回されてはいけません。
> ▶子どもの脳は「この世界を学ぶ」というミッションをもっています。
> ▶大人が子どもの「脳のミッション」を邪魔する敵のように見えると，お互いにストレスフルで不幸な展開に突入します。
> ▶「秒速褒め」「できる子，ハーイ」「ハイタッチ！」「ご予定ボード」などでストレスフリーな付き合い方，育て方に誘導しよう。

 1. 子どもの行動は「ヒヤヒヤ」
するものだけれど……

　「子どもは予想外の行動をするもの」とわかっていても予想していない子どもの行動にはいつもヒヤヒヤするものです。場面や状況によっては予想外の行動が事故につながるような場合もあります。建物などの建造物は基本的には大人に合わせて作られています。子どもの安全を最優先にカスタマイズされていないことが多いので，建物は危険がいっぱいです。
　たとえば大人には単なるドアでも，子どもにとってはドアの開け閉めはハサミでチョキチョキやっているのと同じ危険度です。ちょっと目を

離したスキにドアの隙間に手を入れて大怪我につながるようなこともあります。このことは家庭でも幼稚園や保育園でも大人の悩みの種です。

2. 物理的なヒヤヒヤだけでなく，社会的なヒヤヒヤも

　物理的な危険だけでなく，親にとっては周りの目が気になる場合もあります。「子は親の鏡」と言われています。世間体を気にするような場面では，真面目な母親は子どもの場にそぐわない行動が気になるものです。「ちゃんとしつけていない」と親の良識を疑われるのではとヒヤヒヤなさっている母親も少なくありません。そのような心配の中で必要以上に子どもの行動に神経質になっている親御さんも多いものです（第6章 COLUMN 6-2 参照）。似たようなことは保育者や学校の先生にもあるようです。実は先生方も受け持ちのクラスに問題行動が多い子どもがいると，上司や同僚に指導力を疑われてしまうことがあります。不都合な真実ですが，ときには人間関係がギスギスした保育所や学校もあります。

　その中で，気になる行動が目立つ子どもがいるクラス担当の先生が，同僚や先輩，上司に囲まれて糾弾されるという例も少なくありません。私もそのストレスの相談を受けることがあります。保育も教育も職人技のような側面があるので，お互いのスキルを伝え合い，磨き合うという習慣があります。この習慣は必要なものですが，専門家同士が磨き合う中では時に削り合いになって糾弾のようになってしまいます。その中で精神を病む先生も少なくありません。

　このように，子どもの想定外の行動は親御さんにとっても，保育者にとっても，物理的にも，社会的にもリスクがいっぱいなのです。子どもの「気になる行動」を目の前にすると，気持ちの余裕を失うことが多いのもやむをえません。

3. 子どもの脳は「世界を知る」という
ミッションをもっている

　では，子どもの気になる行動に対して，私たちはどのように対応すればよいのでしょうか。この章と次の第6章では，より適切な対応についてご一緒に考えましょう。

　まず，「気になる行動」をむやみに制止することは避けましょう。大人，子どもを問わずあらゆる行動には理由があります。理由があるので，制止されるだけでは子どもにはストレスになるだけです。

　また，制止する大人にもストレスです。結果的に，お互いにストレスを募らせることになります。日本のご家庭に多い母親と子どもだけの世界（通称，ワンオペ育児）では，お互いに険悪な空気になってこのストレスが倍増してしまいます。幼稚園や保育園でも常に誰かが観ていてあげないと危ない子どもがいると，先生たちの負担がいっきに膨らみます。忙しい中でさらに疲れがたまることでしょう。お互いに楽なストレスフリーの付き合い方を探りたいものです。

　そのために，まずは「子ども」という生き物に本能的に与えられたミッションを理解しましょう。子どもに課せられた第一のミッションは「この世を知ること」です。「動きを抑制せよ」という行動のブレーキシステム（抑制系）が働き始めるのはある程度この世を学んだ後です。

　実は人の脳はとても柔軟で，自分が産まれ落ちた世界に合わせて脳を構成します。環境に合わせた脳の最適化です。この活動は胎児期から始まり，生涯続きます。特に子ども時代は発育の関係で脳の最適化が最も進む時期です。最適化には敏感期（COLUMN 5-1 参照）があるので，逆に言えば子ども時代しか最適化のチャンスはありません。なので「とにかく動き回ってこの世を探索せよ」という司令が常に脳から出ているのです。

4. 抑制されすぎた子どもはどうなるの？

個人差はありますが，子どもは基本的に衝動的な生き物です。なので，ちょっとでも退屈な時間があると大人から見ると余計な遊びを始めたり，「探検」を始めてどこかに行ったりするのです。

この時期に行動を抑制されすぎた子どもはどうなるのでしょうか？今の日本ではあまりないかもしれませんが，臨床心理学ではちょっと有名なS. フェレンツィ（1873-1933）が報告した20世紀初頭の欧州の事例をご紹介しましょう。

当時の欧州の教育観では子どもは猛獣と同じとされていました。そのため，アメとムチで厳しく行動規制をするべきと考えられていました。その中で子どもたちは「お行儀よく」を強要され，大人から見ると余計な行動は厳しく制限されていました。お行儀よくじっとしていることが苦手な子どもの中には，ありあまる衝動性を開放するために大人にバレないように「遊ぶ」工夫をすることになります。

その中の一例ですが，ある女性は肛門の開け閉めで遊ぶようになりました。一種の貧乏ゆすりですが，大人になってもこの習慣がやめられなかったようです。周りから貞淑で育ちの良い女性を期待される中で彼女の密かな楽しみになっていました。子どもの行動を制限しすぎると，子どもなりにちょっと風変わりな対策を身につけてしまうこともあるようです。

 ## 5. 衝動的な子どもはむやみに抑制されるとさらに暴れる

また他の子どもと比較してしまうことも問題を大きくします。子どもによっては，「ダメよ」と言葉で制止するだけで大人しくできる子ども

第 5 章 「グレーゾーンの子ども」をストレスフリーな付き合い方，育て方に誘導しよう　79

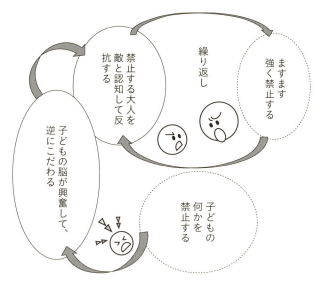

図 5-1　大人と子どものストレスフルな相互作用

もいます。そんな子が近くにいると，ついつい「できる子はできるのに……」と比較してしまうのです。

　私たちの脳は無意識的に「自分の敵（悪者）と味方（良い者）」に区別する仕組みをもっています。他の子が相対的に「手のかからない良い子」と見えてしまうと，衝動的な子どもが「大人を困らせる『悪者』」のように見えてしまうのです。すると，ついつい厳しく抑制してしまうのです。この体験は子どもには攻撃されているかのように映ります。

　子どもの多くは「ダメ!!」と厳しくコントロール（禁止）されると，逆にこだわります。また，大人を「ミッションを邪魔する敵」だと認知して好き嫌いのウマの脳が興奮する場合があります。そして，子どもの脳はウマの脳の制御が困難です。

　特に発達障害のグレーゾーンと言われる子どもは興奮したウマの脳の制御ができません。ウマの脳の制御には自分の立場や損得を気にするサルの脳も関わっていますが，発達障害の特徴がある子どもの脳は，サル

の脳が働きにくくなりやすいと考えられています（文献30，本書の第2章も参照）。そして，ウマの脳は衝動的な短期目標の脳なので，子どもは目の前の敵と戦うモードに入ってしまいます。こうして，子どもは反抗的で攻撃的になるのです（**図5-1**）。

　一見すると「悪い子」に見える行動も，実は本能に従ったミッションが阻害される中で起こっているのです。むやみにコントロールすると，上記のように子どもの未熟な脳のキャパシティを超えさせて，興奮させてしまうのです。これはお互いにストレスフルで不幸な展開です。章末のCOLUMN 5-2で不幸の一例を紹介しましたが，子どものミッションを邪魔せず，大人の都合にも合わせてもらう……そんないいとこ取りの方法はないものでしょうか。

6.「秒速褒め」と「正の強化」で子どもを信頼関係に導こう

　ここからは，COLUMN 5-2のJくんのような不幸を回避するために，私たち大人にできることを考えていきましょう。目標は子どもを大人との信頼関係に導いて図5-1の相互作用から決別することです。そのために活用できるテクニックをご紹介します。

　まずは「ちょっとでも望ましい行いがあったら，1秒以内に褒める」という「秒速褒め」を心がけましょう。秒速褒めとは心理学では「即時強化」[33]と呼ばれる技法の一つで，望ましい行為には間髪を入れずにご褒美を与えるというものです。

　私たちは「何をしたら，何が起こるか」を学ぶ脳の仕組みをもっています。何かをして褒められると脳の中で快楽物質が分泌されるので，褒められることは「いいこと」です。何かを行って褒められると，その行為を繰り返すようになります。これは心理学では「正の強化」と呼ばれています。

第5章 「グレーゾーンの子ども」をストレスフリーな付き合い方，育て方に誘導しよう　　81

 **7. 秒速褒めは罰とタイムラグを
なくすことで効果的になる**

　逆に嫌なことが起こること（罰を与える）で，ある行動が減ることを「負の弱化」と呼んでいます。子どもの教育では正の強化が多くなるように心がけることが重要です。「負の弱化」を多用すると，「大人は罰を与える敵」だと子どもに認識されてしまいます。そうなると図5-1の相互作用にまっしぐらになってしまいます。このようになるとJくんのような子どもを増やすことになります。できるかぎり正の強化で子どもを導きましょう。

　ただし，正の強化で適切な行動に導くためには，行動と報酬のタイムラグが少ないことが重要だと言われています。逆に言えば，タイムラグが大きいと行動と報酬が結びつかずに強化のチャンスを逃すことになります。

　また，実は小さな生き物ほど「早い時間」の中に生きています[25]。子どもと大人の身体のサイズは3倍から4倍違います。したがって，子どもは大人よりも時間の流れを速く体感しているのです。そのため，褒めるときは秒単位の素早さでなければ正の強化が成立しません。「いい行いをしたら1秒以内に褒める」という「秒速褒め」で信頼関係を作りながら，子どもを良い行いに導きましょう。

 8. 大人が無意識にやってしまう失敗

　秒速褒めは古くから考察されている絶対的なテクニックの一つです。ただ，往々にして親御さんや保育者は秒速褒めを難しくしてしまっていることがあります。それは親御さんや意識の低い保育者が往々にして子どもの望ましい行いに鈍感で，子どもの大人を困らせる行為に敏感だと

いうことです。

　人はもともと困らないとアクションを起こさないように作られています[36]。訓練された保育者や意識の高い親御さんは望ましい行いにも敏感になるように心がけています。ただ，人の特性としてこの状態を維持するのは難しいことなのです。

　たとえば，子どもがお利口に座っていたとします。衝動的で普段はじっと座れない子や大人に対する不信感があって信頼関係を築く必要がある子どもの場合，このタイミングを逃さずに「いいね!!」「お利口だね！」と盛大に褒めてあげるべきです。しかし，親御さんも保育者も特に困らない事態です。そのため子どもが座っていることを気に留めません。他の用事に集中してしまっていることもあります。

　同じような例は「列に並ぶ」にも言えます。遊具の順番待ちの列にちゃんと並ばずに使おうとする子どもがいたら，親御さんも保育者もそれなりに強く注意しますよね。一方で，ちゃんと並んだときには褒め方が弱かったり，場合によっては「当たり前」のことと考えてまったく褒めなかったりします。少なくとも列に並ばなかったときとは同じ強度で褒めてあげたいですね。

　どちらの例も，秒速褒めのテクニックとしては最高のチャンスの一つです。しかし，周りの大人が見過ごしてしまって，気づいたときには再び望ましくない行いをしまって親御さんや保育者に叱られることになる……などということが起こりがちです。これは非常にもったいないチャンスのロスです。このようなロスは保育所でもご家庭でもよく見られるものの一つです。

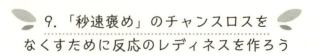

9.「秒速褒め」のチャンスロスをなくすために反応のレディネスを作ろう

　では，どうすればこのようなロスをなくせるのでしょうか。私の場合

は，気になる行動が目立つ子どもには「この子の場合は，こうできたら褒めよう」という秒速褒めのレディネス（準備状態）を作るように親御さんや保育者にお勧めしています。

　人は「こういう行いをしたら，こう動こう」という反応のセットがないとスムーズに動けません。そのためには子どもの困らされる行いに注目するだけでなく，「こういう行いをしてほしい」「こういう態度であってほしい」というイメージを具体的に考えることが重要です。

　考え方のポイントとしては，たとえば「お利口さんであってほしい」「周りに気を遣ってほしい」はダメです。具体性がありません。反応のセットを作るためには，「座っていてほしい」「黙って周りの様子を観察してほしい」「勝手に何かをせずに『やっていい？』と聞きに来てほしい」「安全な遊具で遊んでほしい」「危険な場所では動かないでほしい」など，できる限り具体的にイメージすることが重要です。

　また，すでにできている行動であっても，その行動の頻度を増やしたい，または望ましくない行動の代わりにその行動をしてほしい，という場合にも秒速褒めでその頻度を増やすことができます。

　なかなか時間と手間のかかる手続きではありますが，子どもの行動が望ましい方向に変化すれば結果的に親御さんや保育者の皆様も楽になることでしょう。未来への投資になりますので，一手間かけて損はないでしょう。

10.「できる子，ハーイ」で
信頼感と「できる」感を育てる

　「秒速褒め」はタイミングが勝負なので，必ずしもいつも成功するわけではありません。そこで，もう少し成功しやすい次の作戦として「できる子，ハーイ」も導入しましょう。この方法は「○○できる子，手を挙げて〜……ハーイ」と言いながら子どもに手を挙げてもらうテクニッ

クです。この方法になれていない子どもで身体接触を嫌がらない子どもなら，大人が手を持って挙げてあげる方法もあります。「○○する子，手を挙げて……ハーイ」と言い換えるのもいい方法です。

「○○」の設定ですが，信頼感と「できる」感を育てる，または確認することも目的の一つなので，子どもにとってハードルが低いことを設定しましょう。たとえば，「お座りできる子……」「お手テをつなげる子……」「先生のお話聞ける子……」，など子どもがすでにできていること，ちょっと前にやっていたこと，ちょっと誘導すればできそうなこと，などが候補にできます。9節と同じように行動はできるだけ具体的に設定しましょう。

11. 子どもが手を挙げたらまずは褒める

次に，子どもが手を挙げたらまずは褒めましょう。できるかぎり名前を呼んであげて「△△くん，偉いね～!! できるんだね～」などと盛大に褒めてあげましょう。ひとしきり褒めてあげたら，「さあ，○○，やってみようか～」と指示を出してください。そしてできたら「△△くん，よくできたね～!! すごーい！」などと再び盛大に褒めます。この一連の流れで，「大人の指示と支持に従って動く」というパターンを子どもに体験してもらいます。繰り返すうちに，このパターンがスムーズになることも目標です。

なお行動の設定ですが，ある程度抽象概念を理解できる子どもであれば，たとえば「お利口にする子……」などを使うこともできます。「お利口」の意味する行為について大人と子どもに共通理解があれば，設定しても大丈夫です。

12.「ハイタッチ」や「両手でタッチ」で
信頼感に達成感を重ねよう

　子どもが「ハーイ」と手を挙げたときや，指示どおりにできたときに達成感を重ねるテクニックがハイタッチです。手と手を合わせる行為は好意が伝わるとされています。人の脳は人の好意で快楽物質を放出するので，「褒められた！」または「できた！」という喜びが増します。さらに，「パチン！」という心地よい響きが達成感も高めてくれます。ハイタッチができる子だったら積極的に一緒にやってあげましょう。

　ハイタッチがよく理解できていない子や小さい子などには，いきなりハイタッチはハードルが高いかもしれません。その場合は，よりハードルが低い「両手でタッチ」でも同じような効果が得られます。両手でタッチも難しい場合は，大人のほうから手のひらを上にして手を開き，その上で子どもに手を置いてもらうという方法もあります。まずは片手から，次に両手で……というかたちでできるところから始めましょう。上手にできたときにお互いに楽しくなる褒め言葉をたくさん紹介しています。COLUMN 5-3 を参照してください。

13. 脳のミッションを中断せずに完結させる

　たとえば座っていてほしい場面でイスの上に立ち上がる幼児がいたとします。幼児の中では「これで何が起こるのだろう」という探検になっています。ここで，「ダメ!!」と無理に座らせようとすると，「探検を邪魔された！」となって興奮させてしまいます。どうすれば良いのでしょうか。

　方略は大きく分けて二つあります。一つは見守る方法です。子どもの脳は「何が起こるのか？」を確認することを求めています。だから確認

させてあげれば良いのです。たとえば，「イスに登ったね！ 何が起こるかな……」と見守ってあげましょう。何も起こらないことがわかると，それで納得して，あるいは諦めて座ります。

あるいは子どもなりのシナリオがある場合は，そのシナリオに沿って子どもなりの儀式が展開されます。儀式が終われば次の行動に移るので，そのタイミングで座る方向に誘導します。そして，座ったときに気を引く適切な刺激が用意されていれば，子どもの関心はそちらに向かいます。このときに脳が興奮しているとこうは行きませんので，興奮させないことが大切です。

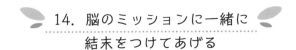

14. 脳のミッションに一緒に結末をつけてあげる

粘り強い子どもだったら，いつまでもイスの上で何かが起こるのを待っている場合もあります。納得や諦めに時間がかかるタイプです。このタイプの場合は何か「適当な結論」をつけてあげる方法もあります。たとえば，「何が起こるかな～」とあえて気をもたせておいて，唐突に子どもを抱えて「ジャーンプ！……着地ぃぃ!!」のように何か「適応な結論」をつけてあげる方法もあります。

結論が出たことで「これはこういう結末か……」と納得してイスに座ってくれると狙いどおりです。子どもの衝動性はコントロールしようと抑制するのではなく，「子どもの脳が今やっていること」を完結させてあげて，次の何かに意識を向けられるように整えてあげることが重要です。ミッション完結の印にハイタッチなども取り入れて達成感も与えてあげましょう。

15. ご予定ボードで未来の記憶を作ってあげる

　家庭や保育所，学校は程度の差はありますが，すべて集団生活の場です。集団生活なので，みんなで予定を共有して一緒に動かなければならない場面があります。そして，発達障害のグレーゾーンと言われる子どもたちは，みんなと一緒に行動することが苦手です。自閉症スペクトラム障害は自分が今面白いと思うことに集中しすぎてしまいます。そこで，次の予定や活動に促されると脳が「邪魔された!!」と反応してしまいます。一緒に行動することを嫌がって騒いだり，暴れたりすることになります。

　ADHDはさまざまな衝動に押されて予定が頭の中でかき消されてしまいます。次にやるべきことを「あ，忘れてた!!」となってしまいやすいのです。ここで不注意を咎められたりするとパニックになってしまったりもします。

　こんなことを繰り返している子どもに，ぜひ導入してほしいのがご予定ボードです。小さなホワイトボードなど簡単なもので構わないのですが，効果は絶大です。方法は次に何をするのかを書いて説明してあげるだけです。まだ文字が読めない子どもの場合は，記号などのアイコンで表す方法も有効です。子どもの目に入りやすいところに置いておく方法もありますが，A6サイズ程度の本当に小さなホワイトボードを首からぶら下げておくやり方もあります。

　書き出すのは手間だと思われることが多いようですが，導入した方のほとんどは「結果的には書き出すほうが楽だった」という感想をおもちになります。自閉症スペクトラム障害もADHDも周りが期待するように行動できないのは，脳の特性からするとやむをえないことです。ちょっと一手間ですが，それ以上の効果がある方法と言えるでしょう。

16. この章のまとめ

　想定外の子どもの行動はヒヤヒヤするものですが，「怪我をしちゃう」などの単なる物理的な危険だけではありません。親御さんなら周りから白い目で見られてしまう，保育者・教育者なら指導力を疑われる，といった社会的な危険もあります。

　その中で，ついつい子どもの行動を制限したり禁止したりしがちですが，子どもの脳は「この世界を学ぶ」というミッションをもっています。そのミッションをむやみに邪魔するとお互いにストレスが高まるだけです。「秒速褒め」「できる子，ハーイ」などで，大人も子どももストレスフリーに成長していける関係に誘導しましょう。

COLUMN 5-1

発達の敏感期と臨界期

　子どもの発達を考えるときによく言われるのが「〇〇歳までに……」という言葉です。ただ，これらは子育ての意識が高いご父兄を煽るためのキャッチコピーで科学的な根拠が怪しげなものもたくさんあります。このようなコピーのもとになっているのが「臨界期」という考え方です。臨界期とは，発達において特定の時期の特定のタイミングでないと学習できない何かがある……という考え方です。カモやガチョウなどの雛が生まれた瞬間に目に入った動くものを親だと思い込んで後をついて回る……という現象がよく引き合いに出されます。

　人間の場合はどうなのでしょうか？　ヒトの脳は周りの環境に応じて脳のネットワークを構成しますが，この働きは赤ちゃん時代が最も顕著です。このような時期を専門家は「敏感期」と呼んでいます。しかし，成人後もこの働きがゼロになるわけではありません。子どもを芸術家など特別な才能を発揮する人に育てたいのでなければ，「あとあと修正が効かない臨界期」に神経質になる必要はありません[37]。

　ただ，子ども時代に大人に愛されている，守られている，という安心感をしっかりと与えてあげることは重要です。サルを使った実験ですが，母親から離された赤ちゃんサルは，身体的に成熟しても社会性に関わる脳が未成熟で群れに戻れませんでした。人間もネグレクトやDVなどの虐待を受けると，母親から引き離された赤ちゃんサルとほぼ同じ脳の傾向を示しやすいことが知られています。子どもには愛情豊かな環境が必要です。その上で，日中は日光で刺激され，夜は暗闇に刺激され，大人たちの声や抱っこやおんぶなどの身体接触，風の音，鳥のさえずり，草木の香り，友だちとかけっこして時々転ぶ……などの経験から育っていきます。まずは，「社会は良いものだ」「自分の味方だ」と信じてもらうことが社会性をもたらす脳を育てるのです。

COLUMN 5-2

悪態で大人に嫌われてしまうJくん

　私はさまざまな相談活動を行っています。小学生のご相談にもたくさん応じてきました。その中に学校で周囲と馴染めず，先生たちからも嫌がられているJくんがいました。

　Jくんは小さいときからADHDの特徴が強い子どもで，衝動の抑制ができません。さらに愛着障害の特徴も多く出ていました。一緒に遊ぼうとしてもとても攻撃的で「何やってんだよ，グズ！」「おまえバカなのか？」「呆れた!!」と悪態をつくばかりです。当時人気だった女性アイドルの名前を出して「俺，○○とデートするんだぜ!!　羨ましいだろう〜!!」と嘲笑的な態度で嘘もつく始末です。

　Jくんの幼稚園の時代，悪態はここまで激しくなかったようですが，衝動的でパニックになりやすいので問題児扱いされていました。小学校に入ってから悪態がひどくなり，その中でお友だちにいじめられるようになりました。先生からも激しく叱られて学校では大人しくしているそうです。でも，穏やかそうな子を見つけると悪態や嘘をつき，学校の外では父親以外には私に対するような態度をとっていたので，あちこちで嫌がられていました。自閉症スペクトラム障害の特徴もあったのかもしれませんが，悪態や嘘が目立ちすぎるのではっきりわかりませんでした。

　Jくんはなぜこのようになってしまったのでしょうか？　当時は発達障害についてよく知られていない時代でした。家庭でも幼稚園，小学校でもずっと「困った子」としか見られなかったのです。つまり，周りに敵対視される中で，Jくんも周りを敵だと見るようになってしまったと考えられます。力関係を誇示されてかなわないときは大人しくできるのですが，力関係を誇示してこない相手には攻撃的になるの

第5章 「グレーゾーンの子ども」をストレスフリーな付き合い方，育て方に誘導しよう ● 91

です。恐らくですが，Ｊくんの悪態の大半はＪくんが誰かに言われて
きたことだったのでしょう。

　Ｊくんは小学校の高学年になると卑猥な言葉も加わって，さらに嫌
われるようになりましたが，中学に進む頃には少し抑制が効いてきま
した。ただ，些細なことで周りに攻撃的になるところはなかなか変わ
りませんでした。発達障害の特徴や個性を周りに敵対視されてしまう
ことが続くと，改善が難しい愛着障害に陥ります。このことは子ども
本人だけでなく，周りの大人にも不幸なことです。適切な理解と対応
で，このような不幸をなくしましょう。

COLUMN 5-3

ずっと同じ褒め言葉でいいの？

　実は上手に「褒める」のは技術です。一番大事なことは褒める気持ち，賞賛の気持ちをもつことですが，気持ちを形にして伝えるにはそれなりの技術が必要なのです。

　特に褒め言葉のバリエーションは重要です。ずっと同じ言葉だと，子どもも飽きてしまいます。子どもも年齢が上がると大人の心を考えるようにもなります。すると，ずっと同じ褒め言葉を使っていると，「本当に褒めてるのかな？」と疑ってみたりもしてきます。愛着障害の傾向があるとさらに疑い深くなることもあります。

　親御さんも保育者もテンションを上げて子どもにスムーズに声かけできる褒め言葉のバリエーションを豊かにしておくことが重要です。日頃から褒め言葉を吸収するように心がけることが重要ですが，ここでは有効と思われる褒め言葉の例をいくつかご紹介しましょう（下の図）。

　これらの言葉がスムーズに，そして感情豊かに出てくるように，日頃からイメージトレーニングや実践を心がけましょう。大事なときに自然に子どもを褒められると，子どもがいい方向に変わってくることでしょう。

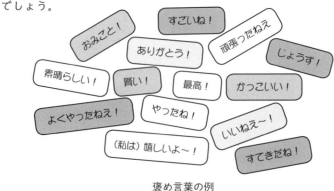

褒め言葉の例

第6章
他害行為，物損行為，暴言……
興奮した子どもを誘導する方法

●この章の「子どもを上手に気にするポイント」●

▶子どもが興奮して激しく暴れていると大人もつられて興奮してしまいがちですが，冷静な対応を心がけましょう。
▶冷静な大人でいるために心理学のマインドフルネス技法の活用をお勧めします。
▶子どもをどのように誘導するべきか，目標を見失わないように心がけましょう。
▶この章では，状況に応じて適切な目標を設定するために，最良の目標，次善の目標，そして最悪を回避するための目標まで，イメージを作っておきましょう。
▶タイムアウト法はよく用いられる体系化された方法です。子どもそれぞれにカスタマイズも必要ですが，状況に応じて活用しましょう。

1. 興奮した子どもの他害，物損，危険，暴言

　第5章では子どもと大人のストレスフリーな相互作用に誘導する方法をご紹介しました。ただ，子どもはいつでも機嫌がいいわけではありません。ウマの脳が激しく興奮して，どうにも手に負えないときもあります。たとえば次のような行動が保育や療育の現場，そしてご家庭で問題として挙がりやすいようです。

　●他の子どもや大人を叩く，蹴る，突き飛ばす，嚙みつく，などの他

害行為
- 物を投げる，物を壊す，物に乱暴に当たる，などの物損行為
- わざと道に飛び出す，危険な場所に飛び込む，などの危険行為
- 「バカ」「殺す」「死ね」など，周囲を不快にさせる暴言を叫び続ける

　子どもがこのようになってしまうとき，私たちはどのように対応すればよいのでしょうか？　基本的な考え方は子どものウマの脳を鎮めてあげることです。ただ，私たちも人間なので，このような子どもを見ていると気分を乱されて心の余裕を失いがちです。取り乱すほど怒ってしまって，子どもの教育の役に立たない言動をしてしまうこともあります。

　子どもには大人の怒った顔が必要なことはありますが，大人は冷静に怒らなければなりません。子どもが興奮しているときに大人も興奮してしまうと第5章で紹介した図5-1（79頁）のように，ストレスフルな相互作用のサイクルに向かってしまうだけです。子どもに困らされたとしても，困惑を引きずらないでクールダウンしたいですね。

2．気持ちの余裕がなくなる理由は大人のウマの脳

　私たちはどうすれば冷静な大人でいられるのでしょうか。この章では私たちの心を上手にクールダウンして子どもを適切に誘導する手立てを考えましょう。具体的な手立ては第6章4節から，冷静な大人でいるためのクールダウンの心理学技法は第6章11節から紹介していますが，最も大事なポイントをまずご紹介しましょう。それは「必ず手立てはある」と信じて子どもに対する目標を見失わないこと，そして感情と距離をとること，の二つです。

実は目標を見失うことも，感情に巻き込まれることも，私たちの脳の働きが影響しています。私たちの中のウマの脳が暴れているのです。そしてウマの脳が暴走すると私たちの心が好き嫌いに支配されて，「自分が何をするべきか」を見失ってしまいます。これは目標を見失った状態で，ヒトの脳がウマの脳に圧迫されています。

よく2歳児さん，3歳児さんが何でも嫌がる「いやいや状態」に陥ったとき，あるいは何でも欲しがる「欲しい欲しい状態」に陥ったときには子ども自身がもう何がしたいのかわからない状態になっていますよね。この状態もウマの脳が暴れ回っている状態です。大人と子どもの差はありますが，子どもに対してイライラしたり，腹が立ったりするときは私たちが2歳児さんのような脳の状態になっているのです。

3．私たちは目標を見失うと
ますますウマの脳が暴れる

ウマの脳が暴れて目標を見失うと，人はますます感情的になってしまいます。ウマの脳とヒトの脳は相互に抑制し合う関係にあるので，どんなに成熟した大人でもやむをえないことです。また，ウマの脳のほうが進化の歴史的により古いので，その分パワフルです。結果的に私たちは目標を見失い，感情に支配されてしまうようになるのです。

そして，ウマの脳が暴れ回ると短期的で刹那的な目標しか考えられなくなります。この場合は「煩わしい子どもの行動を『今すぐ』やめさせる」ことです。ですが，子どもに対する本当の長期的な目標は「子どもを育てる」ことで，行動に関しては「次によりよい行動をさせる」ことです。大きな危険がない限り「今すぐ」にこだわる必要はありません。しかし，ウマの脳が暴れていると，「子どものこの行動は嫌い！」となって，「『今すぐに』この行動を止めさせよう」となります。こうして，むやみに子どもの行動を制限したり，子どもに対して大声を出した

りして，子どもをさらに興奮させるのです。

　すると暴れたい子どもと止めたい大人という敵対関係になってしまいます。その中で「無理矢理でも止めさせよう」という態度になり，子どもがさらに暴れてしまうこともあるようです。敵対関係がエスカレートして，大人も我を忘れるくらい怒ってしまうこともあります。このことは家庭や保育の場，小中学校でもありえます。その背景にはこのような脳の仕組みがあるのです。怖い話ですが，マスコミで報道される子どもの虐待事例もこのようなウマの脳の暴走が背景にあると考えられます。大人のウマの脳を鎮めることが重要なのです。

 4．子どもを誘導するべき目標を明確にしよう

　ここで，目指すべき「より良い行動」が何なのか整理しておきましょう。まず，最も望ましい展開，次に望ましい展開……というかたちで次善の策をいくつかもっておくことが大切です。望ましさの優先順位は状況や子どもの個性によって違ってきますが，概ね**表6-1**のように考えられるでしょう。ここからは，表6-1の各項目に沿って考えてみましょう。

　なお，「9」の「押さえつけて止める」は子どもにも大人にもストレスなので，できればやりたくはありません。やり方が悪いと子どもにとってトラウマ的な体験になってしまう場合もあります。ただ，やむをえないときや子どもの成長プロセス次第では必要な場合もあります。大事なことは次の機会により適切な行動がとれることです。これについては第6章13節でご一緒に考えましょう。

第6章　他害行為，物損行為，暴言……興奮した子どもを誘導する方法　●　97

表6-1　興奮する子どもを導く目標

	子どもが興奮しているときの目標	大人の態度，対応
1	自発的に冷静になって落ち着く	余裕をもって待っている
2	大人の言葉かけで子どもが止める	冷静に諭す
3	子どもが自発的に自分が何を求めているのか説明する	余裕をもって待っている，説明できたら褒める
4	大人の言葉かけに応じて子どもが求めていることを説明する	冷静に話しかける，説明できたら褒める
5	子どもの機嫌が変わる他の何かに誘導する	雰囲気を変える話しかけをする，他の何かを用意する
6	その場から離れさせて別の場所に誘導する（タイムアウト）	別の場所に連れていく
7	強い言葉かけで子どもを止める	強い言葉遣いで諭す
8	罰を示唆しながら諭す	有効な罰を用意する
9	押さえつけて止める	（物理的な危険を避けるため）無理やり止めさせる

5. 最良の目標は「子どもが自発的に落ち着く」こと

　最も望ましいのは「1」の興奮した子どもが「自発的に冷静になって落ち着く」ことでしょう。この場合，大人は気持ちに余裕をもっているということが必要です。大人に余裕がないと子どもを刺激してしまって再び興奮してしまいます。では，余裕をもつには何が必要でしょうか？それは，待っていれば落ち着くという信頼です。もっと言えば，「今日は無理でもいつかは」という信頼が重要です。

　子どもが興奮しているときに余裕をもって「信頼して待つ」というのは，なかなか難しいかもしれません。ですが，私たちはより小さい子どもには「信頼して待つ」を意外とやっているものなのです。たとえば赤ちゃんへの対応です。泣き叫んで暴れる赤ちゃんに対して割と多くの大人がこのように対応しています。小さい赤ちゃんなら少々暴れても大人の負担が相対的に小さいので，比較的余裕をもって対応できます。た

だ，赤ちゃんより大きな子どもが泣き叫んで暴れてしまったら，相対的に大変なので大人のウマの脳が警戒信号を出してしまうのです。

ただ，周りが冷静で穏やかなほうが子どものウマの脳も落ち着きやすいことは事実です。たとえば，困った顔や怒った顔をしながら「自発的に落ち着く可能性はないかな？」と信じて，ちょっとだけ待っていてあげましょう。「今日は無理だ」と確認してから次のアクションに移っても手遅れではありません。むしろ，子どもを育てるという長期目標に立てば，自発的に落ち着けるチャンスを逃すほうが損失です。

6．子どもを落ち着かせる言葉かけのコツ

次に望ましいのは，大人に声をかけられて子どもが落ち着きを取り戻すことでしょう。ここで子どもを諭す目標は，子どものヒトの脳やサルの脳を刺激して，ウマの脳に暴れる必要がないことを教えてあげることです。ウマの脳と力比べのようになってはますますウマの脳を興奮させてしまいます。なので，声を荒らげるようなことはせずに，穏やかな声で話しかけてあげましょう。

言葉としては，まずは子どもが示している意志に好意的な関心を向ける言葉かけから入りましょう。たとえば，「○○がやりたいのかな〜」「今は，○○が嫌なのかな〜」など，ウマの脳の好き嫌いを想像して，言葉にしてあげましょう。

これは心理療法では「外在化」と言われる方法の一つで，心の中の状態を外に出すことでヒトの脳を刺激して活性化するものです。ヒトの脳は観察機能ももっているので，外在化によって心の中が観察しやすい状態になるとヒトの脳全般が働き始めてウマの脳が落ち着きやすいのです。

また，自分の意志が肯定されると，「敵がいない」という状態にもなります。ウマの脳は敵の存在を意識すると興奮するので，敵がいない状

態を作ってあげることが重要なのです。まずはここまでが第一目標です。

　もしも，子どもに指示が入る状態なら，子どもを適切な行動に誘導する言葉かけも良いかもしれません。たとえば，「それは後でやろうね。今は○○の時間だよ」「今は○○をしてくれると嬉しいな〜」のように促してあげましょう。状況を理解していると思われるときなら「今は何をしたらいいのか，本当はわかってるよね〜」と子どもに考えさせるのも一つの方法です。

　ここで強く促すと，子どもの意志を蔑ろにする敵のように見えてしまうので，強くやりすぎないことが重要です。適切な行動に導けなくても，不適切な行動が軽減するだけでも一歩前進です。子どもに指示が入らない状況では，適切な行動は次の機会の目標にとっておきましょう。章末の COLUMN 6-1 のように，日頃から準備をしておきたいですね。

7. 子どもに自分が求めていることを説明させる

　次に「3」「4」の「説明する」について考えてみましょう。大人でも子どもでも行動には必ず理由があります。大人に理解されずに問題行動をとり続けることは子どもが孤立感を増すだけなので子どもには不幸なことです。また，何がしたいのか理解できずに手立てを失うことは大人にも不幸なことです。一種の敵対関係にもなります。

　いったい何がしたいのか子どもが説明できると，大人と子どもで共有できることが増えるので，敵対関係が緩和されます。そこで，ある程度お話ができる子どもだったら，何がしたいのかお話ししてもらうことが重要です。

　たとえば，ADHD の傾向があってさらに空想力が豊かな子どもがいたとします。その子の空想では，たとえば遊技場がジャングルになっていたり，海になっていたり，秘密基地になっていたりするのです。遊具

やおもちゃも，その空想の世界の中のアイテムに変換されています。そんなときに「○○やりましょう」と声をかけられたり，他の子が遊具やおもちゃを触ったりすると空想の世界が壊されてしまいます。衝動的なADHD傾向の子は「邪魔をするな!!」と周りの子どもや大人に抵抗することでしょう。

　ただ，子どもの空想の世界は大人にも周りの子どもにもわかりません。また，教えてもらう姿勢を大人が示さないと子どもも教えようとしないでしょう。子どもも上手にお話しできないことが多いのですが，「その子どもなりの理由があるのだろう」と子どもの行動の理由に興味をもつことが説明してもらう第一歩です。子どもには「どうしてそうしたいのかな？」「何をやりたいのか教えて？」とお話を促して待ってあげる習慣が重要です。

8．子どもの機嫌が変わる何かに誘導する

　ここまでの方法がどれも有効でなかったときは，目標を「子どもを落ち着かせる」ことに絞った対応をとりましょう。興奮した子どもは脳が興奮モードに入っています。そこで，与える刺激を変えて子どもの脳を切り替えましょう。

　たとえば，大人の声かけに反発するかたちで脳が興奮している子どもがいたとします。なんと声をかけても，「うるさい！」と喚いたり，言葉にならない呻き声で反発の意思を示すようなときには，これ以上の声かけは無意味です。そこで，子どもの興奮に対して「無反応」という刺激を与えてみましょう。無反応という刺激が続くことで子どもの脳のモードが切り替わることがあるのです。無反応が効いて落ち着いてきたら，指差しや視線での誘導，または第5章で紹介した「ご予定ボード」などで指示を伝えましょう。

　子どもを誘導する先には，子どもを興奮させない刺激があることが重

要です。もともと予定していた活動が子どもを興奮させない刺激であれば，そのまま誘導しましょう。子どもが再び興奮してしまいそうな活動の場合は，諦めて別の活動をやらせる決断が必要な場合もあります。

　ただし，子どもの興奮に大人との駆け引きの要素があるときは決断が難しくなります。たとえば，興奮して喚き散らすことで，めんどうくさい活動から逃げようとしているときです。こんなときに，大人が諦めて別の活動に誘導してしまうと子どもにとっては「喚き散らせば自分の欲求が通る（嫌なことはしないで済む）」という体験になってしまいます。喚き散らす行動への正の強化（第5章参照）をしてしまうかたちになるのです。

　子どもと大人の後々の関係を考えると，このような正の強化は望ましくありません。そこで，ちょっと手間隙かかる方法ですが，次に紹介するタイムアウト法などで適切な行動に導いてあげましょう。

 9．子どもを別の場所に誘導する

　興奮して大人からの働きかけに応じられないときに，よく使われる方法が別の場所に連れて行くことです。子どもが興奮している場所には，その子どもの脳を興奮させた刺激がいっぱいあります。脳が興奮したままの状態では，脳は自分を興奮させた刺激を求め続けるモードに入っています。子どもの脳の中では「刺激が脳を興奮させる→興奮した脳が刺激を求める……」の循環が続いているのです。たとえ不快な興奮であっても，脳は自分を興奮させた刺激を求め続けるのです。

　ちなみに大人でも異性に振られたりすると，しばらくはその異性のことばかり考えてしまいますよね。脳の片隅に「異性の記憶」という刺激が残っているので，このような現象が起こります。記憶は取り除くことはできません。時間が経って変容するのを待つしかありません。しかし，刺激なら場所を替えることで，その子の前から取り除いてあげるこ

とができます。そのためには刺激から離してあげることが重要なのです。子どもごとにどのような場所が良いのかは違いがありますが，ADHD 傾向が強い子どもならパーテーションで区切った刺激の少ない場所，自閉症スペクトラム傾向の子どもなら潜り込める狭い空間，毛布やバスタオルにくるまって落ち着く子どももいます。子どもごとに違いがあるので，見定めてあげましょう。

　場所を替えて子どもが落ち着いたら，穏やかに子どもに何をしたかったのか説明させてください。そして，大人からも何をしてほしかったのか説明してあげましょう。これからどうしたらいいのか，話し合えたら理想的です。

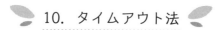

10. タイムアウト法

　別の場所に誘導する方法を体系化したものがタイムアウト法です。文字どおり，興奮している場から一時的（time）に退場（out）してクールダウンしてもらうという方法です。脳の興奮状態が続く場に身を置くのではなく，「こっちへ行くよ」と場所を替えることがポイントです。ただし実施には一定の準備やコツが必要です。子どもそれぞれにカスタマイズする必要もありますが，ここではそのポイントを紹介しましょう。

Point 1　落ち着いているときに場所を替えるときのルールを理解させる

　子どもが興奮しているときに，何の準備もなく突然にはタイムアウト法はできません。「サザエさん」などのファミリー漫画では，悪さを止めないカツオくんが雷オヤジの波平さんに押入れに閉じ込められたりします。これも広い意味ではタイムアウトの一環です。一見すると強引に子どもを閉じ込めているように思われますが，実は「悪さをすると，オ

ヤジさんの雷が落ちる（叱られて閉じ込められる）」というルールが暗黙のうちに大人と子どもの間に成立しているからこのようなことが可能なのです。タイムアウト法を成功させるにはルールの理解が必要なのです。

　ルールの示し方のポイントは行動と移動する場所を明確にすることです。第6章1節で紹介した子どもの問題行動など，周りも本人も幸せにならない行いを子どもが理解できるかたちで示しましょう。そして，タイムアウトゾーンを設定しましょう。部屋の一角をテープで仕切るだけの簡単なものでもいい場合もあります。状況に応じた設定をしましょう。

　なお，タイムアウト法は罰を与えることが目的ではありません。子どもの気持ちを切り替えて落ち着かせることが目的です。なので，暗いところに閉じ込めるような懲罰的な場所の移動ではないほうが望ましいと言えます。

Point 2　場所を替える前に予告をする

　次に，場所を替える前に予告をすることもルールとして理解させましょう。「次に○○（興奮状態）が続いたら，『あと，○○秒で，○○エリア（タイムアウトゾーン）に行きます』と予告をします」「○秒以内にやめたら，○○エリアには行かなくていいです」と子どもに理解してもらいましょう（**図6-1**）。

　仮に，予告だけで子どもの興奮が収まれば，大人の声かけで落ち着くことができるわけなので，タイムアウトで落ち着くよりも望ましいと言えます。そんなときは，抑える力を伸ばしてあげるために「えらいね」と褒め称えてあげましょう。「抑える→褒められる」が子どもの中でつながると，「『抑える』ことでいいことがある」というパターンの学習につながります。行動を抑制する習慣を獲得するチャンスです。

　多くの場合，予告で抑制できるようになる前に何度かタイムアウトを

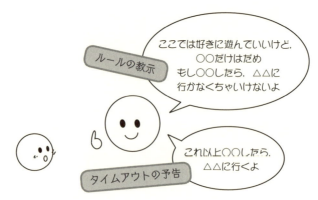

図6-1 タイムアウトのための教示と予告

実際に体験する必要があります。他の子よりもちょっと騒々しい学習プロセスになりますが，みんなこのようなプロセスを経て抑制（我慢）することを学ぶのです。

Point 3 子どもに無理のないタイムアウト法にする

タイムアウト法は懲罰ではないことはすでに説明しましたが，懲罰的になると起こりえるデメリットを紹介しましょう。たとえば，「子どもを押入れや物置に閉じ込める」といったタイムアウト法を行うと，次のような問題が起こりえます。

- 子どもがルールを理解して納得していない
- 閉じ込めるという行為が子どもを脅かすものになっている
- 暗くて狭い不快な場所に閉じ込めるので子どもに強い苦痛を与えかねない
- 子どもが抵抗するので大人がますます腹立たしくなる
- 結果的に単に罰を与えているだけになりかねない

正しいタイムアウト法はすべてこれらの逆であるべきなのです。すな

第6章　他害行為，物損行為，暴言……興奮した子どもを誘導する方法　●　105

わち，

- 「○○したら△△へ」というルールを子どもが理解している
- 子どもを脅かさない（無理やり閉じ込める……ではない）
- 子どもに苦痛を与えないスペースに行かせる
- 大人は落ち着いて冷静に「お約束（ルール）だからね」という態度を貫く
- 目的は罰ではなく，脳をクールダウンさせて「抑える→褒められる」の展開に誘導すること

　このように，スペースの設定は子どもが無理なく入ることができるスペースであることが重要です。適切な部屋がない場合は，子どもが遊んでいるスペースの一角に線を引いて（たとえば三角形の子どもが座れる程度のスペースを作って）タイムアウトゾーンにするのも一つの方法です。部屋の隅にイスをおいて座らせる方法もあります。

Point 4　大人は冷静に，具体的に時間を教示する

　タイムアウトを実施しなければならないタイミングは，子どもの行動が問題な場合なので大人は感情を乱されていることがほとんどです。ですが，タイムアウト法は冷静で事務的に行わなければなりません。まずは大人のクールダウンが必要なのです。この方法は第6章11節で詳しく紹介します。
　導入は子どもがやってはいけないことをやっていることを具体的に言葉で教示するところから始まります。たとえば，「○○ちゃんは，お友だちが使っているおもちゃを取り上げましたね。3秒以内にお友だちに返してあげてください。できなかったら，タイムアウトゾーンに行ってもらいます」のように，具体的に禁じられている行動を教示しましょう。「また悪いことをしましたね」「また危ないことをやって……」のよ

図6-2 タイムアウトの導入

うに具体的でない言葉は避けましょう。

　なお、「3秒」は5秒でも10秒でも構いませんが、教示に続けて「3, 2, 1, 0」とカウントダウンしましょう。カウントダウン中に教示どおりに行動が改まらなかったら、子どもをタイムアウトゾーンに誘導します。誘導のときは子どもに後ろから近づきましょう。半ば子どもを抱えあげるようにして、暴れても喚いても事務的で冷静に連れて行きましょう。何度か繰り返していると、自分からタイムアウトゾーンに向かうようになることもあります。そのときは連れて行く姿勢は示しつつも、自発的な動きを尊重して態度だけにするのがいいようです。

　また、タイムアウトの時間ですが、「年齢×分」が目安と言われています。3歳なら3分、4歳なら4分という感じで、子どもにルールを理解させるときに設定しましょう。そして時間の経過を示すアイテムを子どもの目に入るところに用意しましょう。時計でも良いのですが、砂時計などタイムアウト法の専用アイテムがあると気持ちの切り替えのきっかけになることが多いようです。

Point 5　子どもを一人にさせない「タイムイン」という方法もある

　また、タイムアウト中は子どもを一人にするのが教科書的なやり方で

す。ただ，悪いことをした後に一人にされるということは子どもには大人に見放されたような苦痛になる場合もあります。このようなリスクを避けるために，タイムアウトゾーンで他の大人がついている，人手がなければタイムアウトの教示をした大人が一緒にいる，という方法もあります。タイムアウトの時間中は無言で一緒にいてあげましょう。

　言葉が発達している子どもなら，クールダウン後に「○○しちゃった」ことについてお話ししてもらうのもいい方法です。その場合は，子どもの言い分を最後まで遮らずに聞いてあげましょう。遮ってしまうと，子どもの脳を再び興奮させてクールダウンが無駄になってしまいます。この方法は「タイムイン法」とも言われています。

　最終的には子どもに「どうしたら良かったのか」「さっきは，何をするべき時間だったのか」を考えさせましょう。そして正しい答えを言えたら元の場所と活動に戻してあげましょう。

11．大人のクールダウン法
——困っている自分を受け入れる——

　ここからは，子どもに困らされているときに大人として身につけておきたい冷静さを保つ方法をご紹介しましょう。心理学は心を穏やかに保つための技法もたくさん開発しています。どんなに成熟した大人であっても子どもの手に負えない行動に直面したときに，ウマの脳が暴れて「この子，嫌い!!」という気持ちになってしまうリスクをもっています。このリスクは上手に避けたいですね。

　大事なポイントはウマの脳を働かせないことではありません。ウマの脳が興奮しやすいのはヒトとしての宿命のようなものです。宿命なので，このことを前提に考えましょう。すなわち，ウマの脳を暴れさせないことではなく，暴れているウマの脳を諫めることを目指すのです。

　最初のステップは「私は，この子の行為や態度に困っている」と子ど

もに困らされている自分を認めてあげることです。自分自身を受け入れられない人間が，他者を受け入れられるはずがありません。子どもを育てるには，ときに子どもに困らされてしまう自分を認めてあげることが重要なのです。

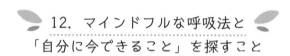
12. マインドフルな呼吸法と「自分に今できること」を探すこと

次に，「1，2，3……」と心の中で数えながら息を吐き出しましょう。息を吸うときも吐くときも数える方法もありますが，吹き出すときだけカウントしても構いません。どのくらいカウントを続けるかは個人によって最適な長さが違います。自分にとって最適な長さを見つけてください。

この方法は心理学ではマインドフルネス技法と呼ばれるものです。マインドフルネス技法は理論的には難解ですが，習慣にしてしまえば実施そのものは決して難しいことではありません。たったこれだけの手間で私たちは心を整えて，冷静に子どもに対応できるのです。ぜひ，やってみてください。

大人のクールダウンの次のステップは「今何ができるかな……」と考えることです。心理学のストレスモデルによると，人は強い負担を感じる場面で手立てを見失うとストレスが倍増します。ウマの脳が「嫌だ，嫌だ!!」と暴れていると手立てを見つけにくいものですが，ウマの脳が落ち着けば手立ては見つけやすくなります。

表6-1（97頁）はそのときの手立ての一覧でもあります。「1」から「6」までの方法が比較的望ましいものです。本当にどうしようもなく，また危険なときは多少強引ですが「7」から「9」を実施することが必要な場合もあります。

13.「強い言葉かけ」「罰の示唆」
「押さえつける」が必要な場合

　表6-1の「7」から「9」，すなわち，「強い言葉かけ」「罰の示唆」「押さえつける」は結果的には大人と子どもの力関係を背景にした方法です。つまり，一種のパワーゲームです。本来，子どもを正しい行いに誘導するのは，「正しい行動」を子どもに理解させて，「正しい行動をしようね」と誘導することが望ましいと考えられています。パワーゲームの中で行動を強制され続けていると，反抗するパワーが育ってきたときに正しい行いがとれなくなります。早い子では小3，小4くらいから反抗する力がついて，手に負えなくなることもあるようです。なので，これらの方法はどうしようもない事態の緊急手段と考えておいてください。

　ただ，人が成長する過程では，「どうにも逆らえない絶対的な力」の存在を実感することも必要です。力に脅かされて深いトラウマになることは避けなければなりませんが，この世には逆らえない力があり，その力に許される範囲で自律できる，自由にできる……という「人の世の理（ことわり）」のようなものは学ぶ機会が必要です。

14．学習性無力感の体験が必要なことも

　たとえば，子どもが攻撃的になって暴れ回っているとします。落ち着くまで待っていると周りにも子ども本人にも危険な状態があれば，暴れられないように押さえつけて安全を確保しなければなりません。このようなときは押さえつけることがやむをえない場合と言えるでしょう。

　逆らっても抵抗してもどうにもならない体験は，学習性無力感[38]と呼ばれる状態に子どもを誘導することになります。学習性無力感は抑うつ

的になるなどネガティブな側面が強調されることが多いのですが，暴れ回っても誰も幸せにならないときに「暴れるだけ無駄だ……」と実感して暴れなくなるなどのポジティブな効果もあります。やむをえずに押さえつけるときは，タイムアウト法と同じように冷静に，そして正面からではなく後ろから抱えあげる，後ろから拘束するなど，お互いに怪我がないように心がけましょう。

強い言葉かけや罰の示唆も，子どもが逆らえない強力なパワーを誇示するものなので，基本的な考え方は学習性無力感への誘導と同じです。誰のどのような強い言葉かけが効くのか，どのような罰が効くのか，状況に応じて効果的なものを考える必要があります。なお，罰は痛みを伴うものではなく，たとえば「○○が続くようなら，もう遊んであげられません」など，楽しみの削除がいいようです。お互いに辛い時間になるかもしれませんが，子どもを正しい行いに導くために，必要なときは目標を見失わず，計画的に実施しましょう。

15. この章のまとめ

興奮する子どもを落ち着かせる最大のポイントは大人が落ち着いていることです。難しいときもありますが，数をカウントしながら息を吐き出すマインドフルネスな呼吸法で心を整えましょう。

また，子どもをより良い方向に誘導できる手立てを見失うと，大人も落ち着きを失いがちです。子どもが自発的に落ち着くという理想的な目標から，できれば避けたいけれど安全を確保するためにはやむをえない強引な方法まで，段階的にとりうる手段はあります。状況に応じて適切な目標設定ができるように，心の準備をしておきましょう。イメージトレーニング，勉強会，読書会，事例検討会などでよい準備ができることもあります。大人も子どももストレスフリーで成長できるように，日頃の準備を大事にしましょう。

第6章 他害行為，物損行為，暴言……興奮した子どもを誘導する方法 ● 111

COLUMN 6-1

日頃の言葉かけでウマの脳を落ち着かせる
魔法使いになろう

　ウマの脳は自分を邪魔する敵の存在を感じると暴れるようになっています。そして「よく知らない人」というだけで，敵である可能性を察知します。一方で，よく見知った人は少なくとも敵ではないと知覚して落ち着きます。

　子どもが興奮しているときは味方の登場で安心して落ち着いてくれます。魔法のように子どもを落ち着かせられる人になるために，日頃から味方だと思ってもらえるようにチャンスがあれば子どもの心にいいかたちで入り込める言葉かけを心がけましょう。

　ポイントは短くて温かくて，好意的な態度が伝わる言葉です。たとえば，「〇〇くん，大好きだよ〜」「〇〇ちゃん，いいね〜」のように，名前を呼んであげて，短い言葉をかけましょう。

　名前の後に続く言葉のバリエーションも豊かだともっと効果的です。下の図はその一例です。参考にして自然に子どもに言葉かけできるように練習しておきましょう。

好意を伝える言葉の例

COLUMN 6-2

発達障害に対する偏見やスティグマという親御さんの社会的リスク

　第5章で子どもの問題行動に伴う親御さんや先生方の社会的リスクを紹介しましたが，親御さんの社会的なリスクは他にもあります。それは，「危ない一族」のように見られてしまうリスクです。

　一般の人々の間では発達障害などの心や行動に関する特徴は，「精神障害（精神疾患）」と混同されがちです。精神障害の多くは長期間で高強度のストレスに由来するものですが，躁うつ病（うつ病とは違います）など他者に対して攻撃的で威圧的になるという症状を示すものもあります。実際には攻撃的になることは一時的で，精神障害の患者さんのほとんどは普段は別の症状に悩まされています。ただ，目立つ症状だけが注目されて，精神障害があると「危ない人」「変な人」「関わらないほうがいい人」といった偏見やスティグマ（烙印）をもたれがちです[38]。

　そして，「精神障害は遺伝する」という噂も一部では流れています。確かにこれまでの研究で遺伝子要因は示唆されていますが，子は親世代では使われていない遺伝子も受け継いでいます。親世代で使われていなかった遺伝子が発現している場合，子どもは親世代にはなかった特徴を示します。すなわち，遺伝子は必ずしも親の特徴を子に伝えるものではないのです。したがって，発達障害の両親から定型発達の子どもが生まれたり，その逆もありえるのです。

　ただ，この遺伝子の仕組みは一般にはあまり知られていません。精神障害との混同や精神障害へのスティグマも相まって，そのため子どもの行動が悪目立ちすると「危ない一族では？」という偏見をもたれることもあるのです。私の印象では，このことを心配なさる親御さん

も少なくありません。

　そのような親御さんには，たとえば「少しずつお利口になりますから，ご一緒にがんばりましょうね！」とお声をかけるのも一つの方法です。母親が心配のあまり心の余裕を失って，子どもにウマの脳を暴走させた対応を重ねると第5章の図5-1（79頁）のような状態に陥りかねません。すると，子どもの行動はますます「気になる」ものになってしまいます。まずは，母親の心配を減らして，第5章や第6章で紹介した落ち着いた対応ができるように誘導しましょう。

第7章
特徴別「グレーゾーンの子ども」に関わるヒント①
落ち着きがない，集中できない，お口の多動への対処法

●この章の「子どもを上手に気にするポイント」●

▶落ち着きは失敗の経験，すなわち「自分だけが落ち着きなく行動して楽しくない」という自分への疑念から育ちます。
▶落ち着きが育つチャンスを見極めましょう。
▶まずは，「何をすれば良いのか，カッコイイのか」教えてあげて，ちょっとでもできたら「エライ！」と褒めてあげましょう。

 1. 落ち着きのない子どもが
「学びつつあること」

　子どもが落ち着きなく余計なことをすることでお悩みの母親も保育者も多いようです。「そろそろお利口にしてほしい」と大人の期待が高まる3歳くらいからこのようなお悩みが増えるようです。
　早い例では母親が周りの「お利口な」子どもと比較して1歳半や2歳くらいから悩むこともあるようです。ですが，子どもの落ち着きのなさをむやみに悩むべきではないという子ども観もあります[16]。たとえば，子どもの心理発達を論じた自我心理学派の精神分析家 E. エリクソン (1902-1994) によると，子どもは余計なことを繰り返しながら「自分の衝動をコントロールできないと物事がうまくいかないこと」を学びます。エリクソンはこのプロセスを「自律性 vs 恥・疑惑を学びつつある

時代」と考えました。同じくエリクソンは，次に「自発的に行ったことは自分で責任をもつという覚悟」を身につけるとも指摘し，このプロセスを「主体性vs罪悪感」と呼びました。

　これらは大人から見ると余計なことをする中で育つものです。つまり有り余る元気も，余計な行為も，子どもが適切に心理発達をするためには必要なのです。大人は第3章でご紹介した発達の最近接領域を意識しながら，今育ちつつある心理を育ててあげればいいのです。

2．指示が入らない子どもの自律性獲得vs創造性の発達

　たとえば，ある4歳児が幼稚園などで「指示どおりに玩具で遊ぶ」を目的にした活動に参加していたとします。その子が指示を待って座っているべき場面で，指導者の「待っててね」という言葉に従わずに勝手に玩具で遊び始めました。そして，その後も指導者の遊び方の指示を無視して自分なりに遊び続け，結果的にその子なりの遊び方を続けたとしましょう。場合によっては，うまく遊べずに癇癪を起こしてその場から離れようとしてしまうかもしれません。母親としては情けなくなる場面で，遊びの指導者としても子どもに対して残念に思う場面です。

　これは直ちに発達障害の可能性を考えるべきなのでしょうか？　結論から言えば，発達障害の可能性を考えるには少々早いと言えます。これは子どもの自律性が育ちつつある可能性がある場面だからです。自律性とは，この場合で言えば目新しいおもちゃを見て「これで遊びたい！」という衝動を我慢して指導者の指示に従うことです。自律性は「衝動を我慢しないといい結果がついてこない」という気づきから獲得できます。言い換えれば自分の衝動に対する疑念と衝動に従うことでいい結果が得られないことへの恥の意識です。

　仮に予定どおりの遊び方でなくても自分なりに楽しく遊べてしまっ

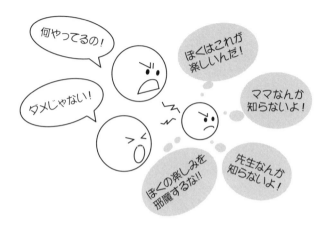

図7-1　愛着障害の入り口に誘導する展開

ら，楽しく遊べたことを一緒に喜んであげましょう。楽しく遊べてしまっているので，衝動に身を任せて良い結果が得られています。このような場合では自律性の獲得につながる気づきは得られません。むしろ「新しい遊び方を見つける」という創造性が育ちつつある場面と解釈して，創造性を喜んであげましょう。たとえば，「あらあら，新しい遊びを見つけたね～！」「これもいいね」と創造性を祝福してあげるのです。その上で，次回の集団行動への伏線を張るために，「みんなと同じようにしても面白いかもしれないよ。次はやってみようね」と教唆してみるのも一つの方法です。

　なお，みんなと同じように行動しないことに注目して「何やってるの，ダメじゃない！」と自分なりの楽しさを否定されてしまったら，自分が祝福されていないという体験になってしまいます。そうなると社会への不信感を拡大して，第3章でご紹介した愛着障害のような状態へと子どもを追い込むリスクが高まります（図7-1）。今すぐに自律性を獲得することにこだわるよりも，次のチャンスを待ってあげてよいでしょう。

第 7 章　特徴別「グレーゾーンの子ども」に関わるヒント①　117

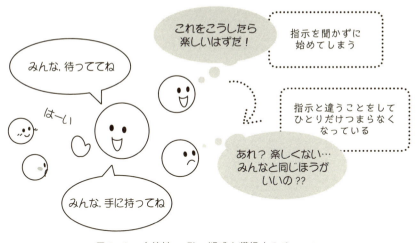

図 7-2　自律性 vs 恥・疑惑を獲得するチャンス

3. 自律性獲得チャンスのサインとは？

　自律性が育ちつつあることを示すサインは，自分なりの遊び方で楽しくなさそうな雰囲気を出しているときです。この瞬間がチャンスで，衝動に身を任せることへの疑念が生まれつつある瞬間です。周りの子どもが楽しく遊んでいることを意識して複雑な顔をし始めたらなおさらです。恥の意識も生まれつつある可能性があります。
　「みんな，うまいな……」などと独り言を言い始めたら「恥・疑惑」を通して自律性が育ちつつあることはほぼ明らかです。この瞬間を見逃さずに，「○○くん，こうしてみよう」と正しい玩具の使い方を示してあげて楽しめる体験ができればラッキーです。なぜなら衝動ではなく指示に身を任せることで良い結果が得られるという体験，すなわち自律性の獲得につながる体験になるからです。
　ただし，介入のタイミングを逃して玩具への関心を失った場合は，次のチャンスを待ったほうが良いでしょう。子どもは一度関心を失ったも

のに，もう一度関心を向けることが難しいことがあるからです。簡単に諦めるのも良くないですが「今回はチャンスではなかった」と思ってあげるほうが良い場合もあります。「次のチャンスがある」と今後に希望をもちましょう。教育とは子どもが育つタイミングを待つものでもあるのです。

 4. 避けたい対応は叱責的な態度

　その玩具を子どもなりに楽しめたとしても，結果的に楽しめなかったとしても，避けてほしいことは「○○くん，またちゃんとできなかったね」「なんで，みんなと同じにできないの？」「ダメな子ね！」などと正しく遊べなかったことを叱責することです。これは自発性を否定される体験になり，「僕はダメなんだ……」と自己価値に疑念をもたせ，罪悪感を育てることになります。もちろん，社会生活を営むには罪悪感も必要ですが，罪悪感に耐えられるほど心が育っていない段階で強くもたせるとあらゆる自発性を否定されることになります。自分について否定的になるだけでなく，自分を祝福しないこの世界に対しても拒否的になる可能性もあるので，叱責的な態度は避けたいところです[27]。

 5. 危険な行いに対しては……

　なお，衝動的に絶対にやってはいけない危険な行為をしそうになった場合は，それがどれだけ恐ろしい行為なのか強く知らせるために大人が「恐ろしい」という感情表現をすることが重要です。子どもは大人の感情表現でこの世の何が安全で何が危険かを知ることができます。これは社会的参照といわれる現象です[8]。これは子どもに「これは危ないんだからね」と言い聞かせるよりも効果があることがあります。
　感情表現が過ぎると子どもがパニックを起こしてしまうこともあるの

で加減も必要ですが，子どもに大切な何かを知らせるためには，大人は時には俳優や女優になる必要があるのです。子どもに伝わる強度の感情表現を心がけてください。子どもと向き合う大人にとって，感情表現は子どものためのものでもあるという心構えが重要です。簡単にできる人，なかなか難しい人，個人差があるようですが，まずはこのような意識をもつことから始めてください。

 ## 6. じっと座っていられない

　子どもの学齢が年中さん，年長さん，そして小1と上がるにつれて，「じっと座っている」ことを求められるようになります。周りの子どもはどんどんお利口になってくる中で，指示に従わずに歩き回ったりすると先生の印象も悪くなってしまいます。特に小1では学校のマナーに適応できないと「小1プロブレム」と言われてしまいます[32,44]。学校の先生たちから「家庭のしつけがなっていない」「自分をコントロールする力が未熟」，などと家庭や子どもの未熟さ，保育所の自由保育のせいにされてしまうことが多いようです。母親としても，保育者としても傷つくことです。

　ただ小1プロブレムは心理学者の私から見ると「じっと座っていることが当たり前」という先入観の問題に思えます。動物としての人は「じっと座っている」ように設計されていません。また「指示された課題にじっと集中する」ようにも設計されていません。動き回る能力（モータースキル）をもち，絶えず身の回りの変化を敏感に感じ取り，周りの世界に働きかけるように設計されています。特に子どもは動き回るエネルギーが有り余っていることも多く，長く教室用のイスに座ることにも慣れていません。教室用のイスは家庭で使っているイスとも違うので，快適な座り方がよくわからない場合もあります。体力もありませんし無理にじっとしていると，我慢するエネルギーがすぐに尽きてしま

うことでしょう。

「じっと座る」エネルギーが尽きると，動き回るエネルギーが溢れ出すのはある意味で当然のことです。また，気が散りやすい環境が原因になっている場合もあります。このように「じっと座っていられない」の背景にはさまざまな要因があるのです。

もちろん，本当に教育力がない家庭やADHDの衝動性で座っていられない子どももいます。しかし，じっと座っていられない理由を家庭教育や発達障害のせいにしては子どもの成長を支えられません。大切なことは「○○プロブレム」と総括することでも，子どもを激しく叱責して子どもの愛着を傷つけることでもありません。また，小学生くらいになると「いつかできるよ」と楽観的に甘やかして好きにさせるのも何だか心配です。では，どうすればよいのでしょうか。

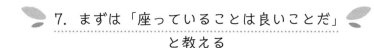

7. まずは「座っていることは良いことだ」と教える

では，じっと座っていられない子どもたちにはどのように付き合えばいいのでしょうか。まず「『指示どおりに（みんなと同じように）座っている』ことは良いこと」であると子どもに実感させることが大事です。じっと座っていられない小学生や就園児ではこのことがよく分かっていないこともあります。

ただ，集団の場で座っている子を褒め称えて，座っていない子を非難するかたちで教えるのはいい方法ではありません。このような教え方をすると「自分はこの場で歓迎されていないんだ」と感じさせてしまいます。子どもにとってこのような体験はダメージが大きく，一種のトラウマになって愛着障害のもとになる場合もあります。

オススメできる方法の一つはイラストや映像教材でお話のかたちで教えてあげる方法です。最近は家庭教育向けの廉価な教材も普及している

ので，ご家庭でもできます。

　次に「『じっと座っている』は難しいこと」という前提に立ち，発達の最近接領域の視点で「何分くらいならお話聞けるかな？」など今できそうなことを考えてあげましょう。また，「この能力の発育を邪魔しているものは何か」も考えてあげましょう。

　たとえば，エネルギーが有り余ってじっと座っていられないのであれば，いい発散の場所と時間を用意すれば良いのです。「今は我慢して座っている」という協力的な努力をすれば，「後で好きなだけ動けるよ」という流れを示してあげましょう。

　座り方の問題なら，その子にあった楽な座り方を一緒に探してあげることも一つの方法です。ほとんどの保育所や小学校には「正しい座り方」の教材がありますので，それを一緒に見ながら「その子にあった座り方」を一緒に探しましょう。良い座り方が見つかったらそれを一緒に喜んで（祝福して）あげることで「じっと座る」ことへのモチベーションも育ちます。

8. しつけを支える「やる気の方程式」

　ここで，あらゆるしつけや教育の基本とも言える大事な方程式を紹介しましょう。それは「やる気（動機づけ）の方程式」と呼ばれる理論です。この理論では人のやる気は「欲求が満たされる × 価値を感じる × 自分は達成できるという自分への期待がある」の掛け算で構成されると言われています。掛け算なので，この方程式のどこか一つでも「0（ZERO）」になったらやる気も「0」です[40]。この理論からじっと座っていられない子どもについて考えてみましょう。

　まず，子どもにやってほしい行いを「これができたらエライさんです」などと「良い行い」として子どもに示します。ここで大人と子どもの関係が良好であれば，社会的参照の効果で行いに対する価値（「良い

行いなんだ！」という実感）が伝わります。また，示した行いが子どもにできそうな範囲であれば，「できるという自分への期待」ももつことができます。最後に欲求ですが，子どもの多くは大人に褒めてほしい，賞賛してほしいという欲求をもっています。できるだけ，この欲求を満たしてあげるかたちで子どもを動機づけましょう。

9. 社会への不信感がありそうなら トークンエコノミーで

　ただし，愛着障害など社会への不信感が根深い場合は褒められたり，賞賛されることを素直に喜べない場合もあります。そのような子どもには心理学ではトークンエコノミーと呼ばれている方法もあります[8]。これは望ましい行いができたらポイントがもらえるという方法です。ポイントが貯まると子どもが喜ぶご褒美がもらえるという約束を子どもと交わします。

　「子どもをご褒美で釣るなんて！」と思われる方もいるかもしれません。ですが，身についていない良い行いを習慣にする入り口としてはいい方法であることは現代の心理学では既に常識です。国の政策でも企業の人材開発でも取り入れられています。子どもの教育にも上手に取り入れたいですね。トークンエコノミーは古くから知られている方法なので良い実践書もたくさんあります。褒めるだけでは変わらない子どもには考えてあげてもいいでしょう。

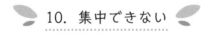
10. 集中できない

　「集中できない」も大人が気になることが多い行動です。たとえば，着替えの途中で気が散って違う遊びに没頭している，ご飯を食べている途中なのにおもちゃで遊び始める，など何かをしている途中で違うこと

第 7 章　特徴別「グレーゾーンの子ども」に関わるヒント①　123

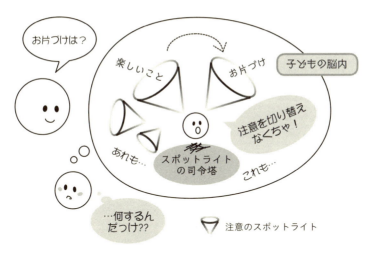

図 7-3　子どもの注意のスポットライトは漂いやすい

に夢中になってしまうような場合です。多くの場合で，遊び終わっても直前まで自分が何をやろうとしていたのか忘れてしまっています。

　ここで言う集中とは「今，やってほしいことへの集中」です。多くの場合で子どもが集中できなくなるのは気が散ってしまうのが原因です。気が散ることで「今何をしていたか，次に何をするはずだったか」が頭の中でブレイクされてわからなくなってしまうのです。なぜ，子どもの気は散りやすいのでしょうか？　実はその秘密は脳の中にあります。

　集中について脳の中で起こっていることを簡単に説明しましょう（図7-3）。実は脳の中には注意のスポットライトのようなものがあります。このスポットライトは，本質的には同じものに長時間集中しないように作られています。集中が過ぎると周りの変化に気づけなくてリスクや危険に気づけなくなるからです。そのために集中しすぎることを妨げて，注意のスポットライトを漂わせる仕組みがあるのです。

11. 集中の維持は大人でも難しい場合がある

　大人でもたとえば大掃除をしているときに懐かしい写真を見つけてしまうと，思い出にふけって掃除がストップしてしまうことがありますよね。この現象も注意のスポットライトを漂わせる仕組みの影響です。また，実は集中を持続させる力は比較的ゆっくり成長するものです。脳が未成熟な子どもは特に変化や目新しいものに気が移りやすいのです。

　また子どもの場合は周りの変化だけでなく，内面から湧き上がる衝動や感覚，イメージや連想で気が散る場合もあります。子どもは本能的に楽しいことを求めるので，楽しいことを連想するとその連想に注意のスポットライトはもって行かれてしまいます。また，ちょっと汚い話ですが，鼻くそをほじくっている間に今まで何をしていたのか忘れてしまう子どももいます。

　子どもにとって大事なことは気を散らさないことではなく，気が散っても「今までやっていたこと」「やろうとしていたこと」を思い出させることです。集中してくれないことにイライラを募らせるより，「お着替えの途中だよ」「ご飯の続きだよ」と導いてあげてください。工夫ができるときは「今は何の時間か」を視覚的に象徴するアイコンが目に入りやすいところにあると思い出す手がかりになることもあります。

 12. 衝動的に話し出す

　子どもが衝動的に余計なことを話し出すことも，大人が気になる行動として挙がりやすいものです。専門家の間では「頭の中の多動」または「お口の多動」と言われています。たとえば，文脈に関係なく「○○くん，バス乗ったよ」と言い始めたり，「これは何？　○○って何？」と母親や先生が伝えたいことを丸っきり無視して気が向くままにしゃべり

続ける場合もあります。子どもにとって大事なことかと思って対応してあげる母親や先生もいますが、実は大事なことではなくて母親も先生もがっかりしてしまうこともあります。

　この背景は基本的に「じっと座っていられない」「集中できない」と同じです。一時的に注意が拡散した対象や思い出したことについて、「今、口にするべきかどうか」と吟味できずにしゃべってしまうのです。人によっては言われると失礼に思うこと、たとえば髪の毛が薄い人を見て「なんで頭が肌色なの？」と口走って母親が気まずい思いをする、先生が不愉快になる、ということもあるようです。

　対応も「今は〇〇の時間だよ。その話はまたね」と忘れてしまいがちな「今の課題」を思い出させてあげる関わりがまず重要です。さらに、「余計なことを言わないことはカッコいい!!」という価値観を繰り返し教えることも必要です。「余計なことを言わない」は目立たないので気づきにくいのですが、そうできる場面があったらできる限り「さっきは偉かったね。カッコいいよ！」と褒めてあげましょう。

13. この章のまとめ

　落ち着きがない子どもは自分をコントロールする力、すなわち自律性を獲得しつつあります。自律性は「衝動に身を任せると自分だけがうまくいかない。身を任せて大丈夫なのか？」という自分への疑念を経験することで身につきます（E. エリクソンの自律性 vs 恥・疑惑）。なので衝動的に行動して楽しめてしまった場面では自律性の獲得は難しいと言えます。そこで、楽しめてしまったら創造性が伸びていると考えて、次のチャンスを待ちましょう。いずれにしても子どもが衝動的に動き回るのは子どもの発達を考えると無駄ではないのです。

　また、じっと座っていられない子どもには「やる気の方程式」を応用して、まずは「座っていることは良いことだ！」から教えてあげましょ

う。「良い行い」がちょっとでもできたら「エライ！」と褒めてあげて，もっと良い行いをしたくなるように導いてあげましょう。

「集中できない」「衝動的に話し出す」に対しては，「今は何の時間かなあ……」と，「今の課題」を思い出させてあげましょう。もちろん，「今はどうするのがカッコいいのか」教えてあげて，子どもの中で「やる気の方程式」が成立するように心がけることが重要です。

第8章
特徴別「グレーゾーンの子ども」に関わるヒント②
「いつまでも幼いままで……」を育て上げるコツ

●この章の「子どもを上手に気にするポイント」●

▶子どもに無理なことを要求して追い詰めても無意味です。
▶信頼関係の確認には「甘やかす」のではなく「甘えさせる」ことが重要です。
▶人見知りが激しい子には,「よく知らない人」を子どもが観察できる距離をとりながら少しずつ近づきましょう。
▶「転び方が下手」など不器用が目立つようなら発達障害とは別の問題の可能性もあります。

 1. 子どもでもいてほしいけど, 成長もしてほしい

　ここでは,まずは母親の気持ちを考えてみましょう。子どもを大切にできる母親ほど,いつも複雑な気持ちを抱えます。たとえば可愛い子どもが自分を頼りにしてくれる喜びの一方で,いつか成長につれて子ども時代の可愛さを失う寂しさが隣り合わせになっている人もいます。
　また,他の子より成長が遅いことを心配していると,その分だけ何かができたときの嬉しさや安心感は計り知れません。子どもでいてほしいけど,ちゃんと成長もしてほしい……,親の感情はジェットコースターのように浮き沈みを繰り返します。

私の研究室で就園児の母親を対象に行った調査では[11]，母親の気持ちを特に揺さぶる想いとして「無事に成長してくれるかしら……」という心配が浮上しました。「いつまでも赤ちゃんっぽさが抜けない」「他の子は少年（少女）らしくなっているのに，いつまでも幼稚なまま」と感じてしまったら，母親の心配は尽きることがないようです。時にこの心配が暴走して，涙を流す母親も多いようです。この章では子どもの成長についての母親の心配と，悩む母親への助言について考えてみましょう。

2. 甘えてくる子どもと心配する母親

　幼稚園や保育園の年中さん，年長さんにもなると一人でできることが増えてきます。世話好きな子はもっと小さい子や月齢が遅い子の面倒まで見てあげることもあります。幼児っぽい振る舞いが少しずつ減って，少年・少女っぽい振る舞いも増えてきます。
　その中で母親は他の子どもと自分の子どもを比較します。たとえばまるで赤ちゃんのように母親に体を擦りつけて「ママ，スリスリしようよぉ〜」などと甘えてきたら「他の子はもっと自立してるのに……」と心配になる母親が多いようです。この他にも自分でできそうなことも「ママぁ，やってぇ」などと大人に助けてもらおうとするように見えると，母親の心配が高まりやすいようです。
　また，幼稚園や保育園でもママに甘えるのと同じように教諭や保育士にべったりしてしまう子どもも少なくありません。大人が立っていれば足にしがみつき，座っていれば腕や肩にまとわりつく，という感じで大人から離れられない子どももいます。スキンシップは大きな安心感を与えてくれるものなので，母子分離で少々不安定になった子どもには先生の温もりが必要なのでしょうね。ただ，そのために他の子どもに馴染もうとしなかったり，ベタベタするだけで活動に参加できない，他の子ができるようになったことも先生に助けてもらおうとするとしたら，園の

先生方も困ってしまうことでしょう。こんなときは子どもの成長をどのように考えるべきなのでしょうか。

 3．甘える中で育つもの

　実は変に子どもを突き放すよりもうまく「甘えさせる」ことが子どもの成長を促します。子どもの「○○してぇ」や「○○しようよ〜」という甘えは親や先生への信頼のサインです。子どもが示す大人への信頼は将来的には世の中への信頼につながる大切なものです。むやみに突き放してしまうと，子どもにとっては理不尽に突き放される体験になって，この世界への信頼感が損なわれて愛着の障害に追い込まれる可能性があるからです。
　とは言え，何でもかんでもむやみに要求に従って甘やかすのもよくありません。できることや我慢できることまで助けて楽をさせると，「自分でやらなくていいんだ」と感じさせて，子どもの自律性や主体性を損ねます。
　たとえば，きれい好きな母親が子どもの服や食卓が汚れることを嫌がって食べさせてあげ続けていたら，幼稚園児になっても食事の要求も自発的な摂食もしなかった……，という例もあります。また，欲しがったものを何でも買い与えると，我慢や気持ちの切り替えが下手になるとも言われています。このような「甘やかし」が子どもの成長を阻むことは明らかです。では，どのように甘えさせればよいのでしょうか。

 4．「甘えさせる」と「甘やかす」の違い

　まず，「甘えさせる」と「甘やかす」を区別しましょう。「甘えさせる」とは「できないことを頼らせる」ことです。そして「甘やかす」は「本当は自分でできるのに，頼らせて楽をさせる」ことです（図8−1）。

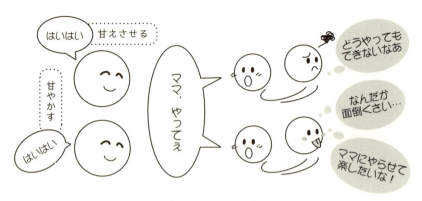

図8-1 「甘えさせる」と「甘やかす」

　実は甘えさせることも甘えることも，人として生きる上では大切なことです。人は社会的な生き物なので，相互に頼り合い，助け合いながら生きています。助け合いの基本は何でしょうか？　それは「できる人ができない人を助ける」です。私たちは自分にできないことを誰かがやってくれると信じているから，自分ができることに集中できるのです。
　また自分ではできないことを助けてもらうためには，周りから好かれていなければなりません。「助けてもらえる」と信じられるからこそ，周りに好意をもってもらうことが価値あることだと思えるのです。社会性の発達は「甘えさせる」ことから始まると覚えておきましょう。
　なお，精神医学者の土居健郎は「助けてもらえる」という信頼感に満ちた状況を親子関係の理想的な姿と指摘しました。そして，この状況を求めることを「甘え」と呼びました[6]。適切な甘えは実は理想的なものなのです。つまり，子どもにできないことを見極めて適切に甘えさせることが子どもの成長を支えることになるのです。「甘え」に対して否定的な保育者も少なくないようですが，私は成長を促す「甘え」に注目してもらえたらと考えています。

5.「甘えさせる」と「甘やかす」の
　　境界線は「発達の最近接領域」

　もちろん，何事にも程度があるので土居健郎の考え方を拡大解釈することには批判の声もあります。大事なことは，第3章で紹介した発達の最近接領域を見極めることです。この発想で「できそうなことは，できるようにサポートする」を心がけていれば概ね大丈夫です。

　ただ見込み違いでどうしてもできない場合もあります。また「大人に愛されているか試したいだけ」というときもあります。そんなときは「今回はやってあげるね」などと声をかけながら助けてあげましょう。何事もやり方がわからないとできません。また大人でも愛されている安心感がないとできることもできなくなることもありますよね。子どもに接するときは，適度に甘えさせることが子どもを成長させることを忘れずに！

6．いつまでも大人にベタベタ
　　しようとする子ども

　ここからは保育の現場で母親が心配しやすい子どもの問題を考えていきましょう。まずは，「子どもがいつまでもベタベタしてくる」から考えましょう。保育者のみなさんは母親への助言の参考にしてください。

　まず，「他の子は母親から離れて遊んでいるのに，うちの子はどうして私にこうベタベタするの？」と感じる母親は4歳，5歳くらいから増えるようです。ただ，早い場合は子どもが3歳くらいから感じているようです。たとえば公園などで「他の子は母親から離れて元気に遊んでいる中で母親にまとわりついて離れない」，家の中でも「何かにつけてベタベタしようとする」，といったことが続くと心配になることが多いよ

うです。

　身体的なベタベタではありませんが，0〜1歳児の母親でも「ちょっとでも母親の姿が見えなくなると泣き叫ぶ」と困っている方もいます。母親は「いつまでも一人じゃだめで……」と悩むと同時に「私の育て方に問題があったのかしら……」と悩み込みます。このような場合，子どもにはどのように関われば良いのでしょうか？

　まず，ADHD は一般に年齢よりも親にベタベタしたがる傾向があると言われています。ただ ADHD の問題の本質はベタベタしたがることではありません。ベタベタしたがることそのものは，それを許せる状況だったら好きにさせてあげたほうがその後の社会性を育てるためには得策だといえるでしょう。

 7．肌触りは安心感を与えてくれる

　また，よく言われることですが，親子のスキンシップは本当にとても大切です。人の触覚は単に体に触れているものを感知するためのものではありません。お互いの肌触りを確認することで，愛着を確かめ合うコミュニケーションのツールでもあるのです。特に乳幼児期から小学生初期くらいまでは母親の肌触りを通して自分が大切にされていること，愛され守られていることを確認します。子どもと手をつなぐことやハグなど，愛着の確認が将来の社会への信頼につながるのです。

 8．赤ちゃん返りを繰り返すときは「再接近期」

　また，あまり知られていませんが，子どもの成長のプロセスでは一時的に「赤ちゃん返り」することがあります。私たちは「再接近期」と呼んでいます[21]。母親から離れて自分のしたいようにすると楽しいわけですが，完全に独り立ちできるわけではありません。自分が愛され守られ

ていることを確認するために，再び親とのスキンシップを強く求めるようになるのです。

大人でも同じですが，信頼関係は一度構築すればずっと維持されるものではありません。常に更新しなければ維持されないものなのです。特に子どもは頻繁に更新する必要があります。子どもがベタベタして特に問題がある状況でなければ付き合ってあげるほうがいいのです。

そこで，保育者から母親への助言として，問題があるときは「今は○○だから，○分くらい後でもいい？」などと，本当は付き合いたい気持ちがあることを添えて待たせてあげてください。「待つ」という相手のお願いを聞き入れると自分のお願いも聞いてもらえる……という体験が大切なのです。聞き分けが早い子なら3歳，遅い子でも5歳くらいからこの体験を意識してあげると良いでしょう。

間違っても「どうしていつまでもベタベタするの！」と怒ってはいけません。再接近期に突き放されると，情緒的に不安定になることが知られているからです。「信頼関係の更新は大人でも必要なもの」という前提で，子どもに付き合ってあげてくださいね。

 9. いつまでたっても人見知りが激しい

次に子どもの人見知りについて考えてみましょう。「はじめての人がいると逃げ出してしまう」「怖がって泣いてしまう」など，子どもの人見知りに悩む母親が多いようです。

このような子どもをどこかに連れて行くと何かと不便ですね。母親は怖がっている子どものケアに追われることになります。お出かけは母親にとっても大事な気晴らしで，楽しみでもあります。そんなときに怖がる子どものケアに追われると，母親もがっかりして子どもにネガティブになる場合もあります。またちょっと律儀な母親なら「同席している人に申し訳ない」と気に病むこともあるようです。

また，人見知りの激しさは園内でも問題になることがあります。たとえば，毎朝お見送りのときに泣き出して保育者を拒否する子ども，泣き出したりはしないけれど一言もしゃべらず保育者と関わろうとしない子ども，など表し方はさまざまですが，日本人の遺伝子の関係もあって人見知りの子どもは多いのです。こんなときはどのように考えて，どのように接すればよいのでしょうか？

10. 人は本質的に人見知り
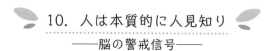
——脳の警戒信号——

　ここで大切なことは「人は本質的に人見知りである」ということです。実は人の脳はよく知らない人に対してはほぼ無条件で警戒信号を発しています。よく知らない人は自分の敵か味方かわかりません。敵かもしれない人が近づいてくるわけなので，油断していると大変なことになるかもしれません。そこで，無意識的に「よく知らない≒敵のリスクあり」と判断して警戒するあまり，第2章で紹介したウマの脳が暴走するのです。これが人見知りの正体です[37]。

　大人になると脳が成熟して警戒信号を抑制できるようになります。またあらかじめ初対面の人に会うという心の準備をするなどの予防策もとれます。しかし，子どもはまだ脳も未成熟ですし，先を見通す力も弱いので心の準備などの対策もとれません。結果的に人見知りモードが暴走状態に入りやすいのです。

11.「人見知り≒警戒信号」を弱める工夫

　母親にとって悩ましいことの一つは，知っている人とよく知らない人の区別が曖昧な赤ちゃん時代はほとんど人見知りがなかったことです。ゆっくり発達する子どもでは小学校低学年までこのタイプの人見知りの

第8章 特徴別「グレーゾーンの子ども」に関わるヒント② 135

なさが続く場合もあります。そのときに「誰にでもご機嫌で，人懐っこくて……」と子どもに期待してしまうと，その後で想定外の子どもの人見知りに母親自身も困惑してしまうからです。子どもは期待どおりにはならないものだと分かっていても，ついつい期待して困惑してしまうのが母親なのです。子どもは人の本質をよく表す存在でもあるので，子どもの人見知りはどうしようもないと諦めましょう。保育者がそう認識し，保護者にもそのように助言することが大切です。

　大事なことは人見知り反応を緩和することです。人はよく知らない人が急接近すると警戒信号が強くなるので，ますます人見知りが激しくなります。そこで，初対面の大人や子どもとは急に接近させずに，まずはちょっと距離をとって安心できる大人に守られながら「安全に観察できる」状況を作ってあげてください。そして子どもが怖がらない距離をキープしつつ，少しずつ近づくように心がけてあげましょう。これは心理学では系統的脱感作と呼ばれるテクニックです[8]。

　怖がり方が激しいようなら初対面の人と一緒の空間から一時的に場所を替える方法もあります。少し時間を置いて再会すれば，今度は初対面ではありません。前ほどの警戒はしないので近づきやすくなるでしょう。

　最後に，子どもの人見知りに悩む母親を理解するために大切なことを紹介しましょう。子どもと初対面の人との相性によっては（たとえば，男性の髭へのリアクションは，面白がる子どもと怖がる子どもに分かれます），「場所を替える→再会する」を繰り返す必要がある場合もあります。「相手の方に失礼だから……」と真面目な母親ほど気にして焦るようですが，母親が焦れば焦るほど子どもの脳は守られている感覚を失って警戒信号を強めてしまいます。「ちょっと敏感な子なのでごめんなさい」と相手の方にご理解いただきつつ，子どものペースで接近してもらえるように心がけて，と伝えてください。

12. 周りの子よりも不器用

　次に不器用な子どもについて考えてみましょう。不器用はADHDの特徴とも言われています。ただ，「不器用な子どもはすべてがADHD」というわけではありません。

　たとえば子どもが「ひもを上手に結べない」としましょう。考えうる原因としては，まず「ひもの結び方がわからない」という習熟の問題の場合がありえます。また，「『自分で正しく結ばなければ』という意識がない」といった自覚の問題の場合もあります。どちらもADHDの子どもでなくてもありえることです。このように必ずしも「不器用＝ADHD」ではないのです。

　なお，このような不器用さに「平らな道でも転びやすい」「転ぶときに顔から転ぶ」，小学生なら「『ボールを投げる，蹴る，キャッチする』が練習してもできない（委縮・緊張によるものではない）」などの特徴が長く続くようなら，ADHDとは別の問題の可能性もあります。それは発達性協調運動障害（通称DCD）と呼ばれる問題です。もちろん，運動能力も習熟性のあるものなので経験値の問題という可能性もあります。ただ，繰り返し練習しても上達しない状況が続いているなら医師に相談して特別な発達支援を相談したほうが良いこともあります。

13. ADHD的な不器用さの特徴

　ADHDが主な原因で不器用になってしまう場合は，行動に落ち着きと注意のまとまりがなくて，結果的にできないということが多いようです。自分が興味をもてる工作やお絵かきなどの創作活動なら他の子どもにはない集中力と創造性を見せることもあります。落ち着きと注意のまとまりの問題は脳の成熟とともに改善することが多いので，ADHDを

心配するあまり創造性を伸ばしてあげられないのはもったいないことです。年齢相応に求められる器用さを身につける環境を作りつつ、好きなことにも集中できる環境作りを心がけてあげましょう。

 14. いつまでも振る舞いも好みも幼いまま

最後にいつまでも赤ちゃんっぽさが抜けない子どもについて考えてみましょう。たとえば「片づけさせると余計に散らかしてしまう」「4歳、5歳になっても赤ちゃん向けの番組を見ている」「好きなことを我慢できずにすぐに癇癪を起こす」「遊び方がいつまでも幼いまま」……。このような特徴が目立つと母親は「いつまでも赤ちゃんのようで……」と心配になってしまいます。このように母親を悩ます子どもをどのように理解したらよいのでしょうか？

人を計画性や自覚のある大人っぽい態度に導くのは、ヒトの脳（第2章参照）の働きです。ADHDの特徴をもつ子どもはヒトの脳の発達が「ゆっくり」なので、年齢の割に幼いことが多いと言われています。子どもから赤ちゃんっぽさが抜けないように感じるとADHDの可能性を疑ってしまうことも多いようです。

ですがヒトの脳が十分に機能している状態、すなわち「衝動（やりたいこと）を我慢して、計画的に自分がすべきことに集中する」状態を長くキープすることは大人でも難しいことが多いです。世の中で立派に仕事をしているサラリーマンでも電車の中ではゲームに夢中になっている時間、仕事を先延ばししてダラダラしている時間、飲みニケーションで羽根を伸ばしているときなど、ヒトの脳がオフになっている時間はたくさんあります。大人になったとしても、ずっと「計画性や自覚のある大人」でいることは難しいのです。子どもは成長に応じて少しずつヒトの脳が機能している時間が増えます。ただ機能しなくなる時間も必ずあります。時に赤ちゃん的になる程度では、決して異常なことではないので

す。

　なおADHDの特徴をもつ子どもには「実際の年齢よりも3割くらい幼いと思って付き合う」ことが大切だと言われることもあります。ただ，単に子ども扱いすることも，むやみに役割や自覚を免除してあげることも成長する機会を奪ってしまいます。発達の最近接領域の視点をもって，年齢相応の計画性や自覚がもてる時間が増えるようにサポートするように心がけましょう。

15. この章のまとめ

　人間は他者との比較を生きる生き物です。大人が子どもを見るときもついつい他の子どもと比較してしまいます。比較は子どもの成長を促すために時には必要です。比較にさらされる中で時に傷つきますが，この体験が自覚を育てるからです。「あの子はできているのに，どうしてあなたは……」と批判的になるのは厳禁ですが，行動のモデルになる子どもと触れ合うことで成長が促されます。

　ただし，子どもに無理なことを要求して追い詰めてもいけません。また信頼関係の確認をしたいときに変に厳しくするのも逆効果です。「甘やかす」ではなく，適切に「甘えさせる」ことで自分にできることに集中できるようにしてあげましょう。

　ベタベタしてくるときは信頼関係の確認を最優先に考え，人見知りには「よく知らない人」を完全に観察できる距離を心がけましょう。不器用は習熟の問題，自覚の問題など背景がさまざまですが，転び方が下手，練習しても運動がうまくならない，などの問題も伴う場合は運動能力の発達の特別な支援を医師に相談する必要があります。常に発達の最近接領域を意識しながら子どもを見ることが重要です。

# 第9章
特徴別「グレーゾーンの子ども」に関わるヒント③
「性格」が気になる子との付き合い方

●この章の「子どもを上手に気にするポイント」●

▶子どもの頑固さも，独自の遊びも，お互いの存在感を確認し合う最も良いチャンスです。頑固さも遊びも大切にする姿勢をもちましょう。
▶「我の強い子ども」には「切り替えてあげる」を基本として，「強く諭す」は我慢の力が育つまで待ちましょう。
▶頑固に反論や勝ち負けの要素が入っている場合は，屁理屈ゲームに付き合ってあげることも必要です。
▶内向的な子どもには，人の輪は刺激が強すぎることがあります。一人になれる時間と空間を大切にしてあげましょう。

 1.「性格」を疑われる発達障害

　自閉症にしても発達障害にしても社会の予定調和を乱して，周囲を尊重していないような印象を与えやすい特徴をもっています。そのため周りからの反感を買って責め立てられたり，悪意や批判の対象になってしまうことがあります。
　人間関係の中で傷つくことになると人に対する信頼感が阻害されて愛着障害のような状態に陥ってしまう場合があります。特にADHDは根が人懐っこい場合があるので，このことで深刻なほどに傷ついて人格形成に悪い影響を与えることがあります。
　また，自閉症の場合は信頼感の障害が不信感に敏感な心を育てる可能

性につながります[40]。その結果，周囲の悪意を読み解こうとするあまり被害妄想的になる場合もあります。悪意から逃げるために自分の空想の世界にこもってしまったり，狭いところに隠れて「ほっと」することが好きになったり，人から離れて遊ぶことが好きになったり……。このように健全な愛着関係が育ちにくいことで，ますます社会生活がうまくいかなくなる場合もあるのです。

2．愛されれば落ち着いたはずの子どもが……

　幼稚園や保育園，あるいは小学校で怖いことの一つは，発達障害の傾向が周囲への不遜な性格の問題と受け止められてしまうことです。そうなると，結果的に人格や人間性を疑われて，誰からも仲間だと思ってもらえなくなります。言い換えれば疎外感を高めやすいのです。

　発達障害のグレーゾーンと呼ばれる子どもの多くは，もともと社会性の力や予定調和に合わせる力が育ちにくい特性をもっています。そこに疎外感が高まるとさらに育ちにくくなります。「自分は周囲に邪魔だと思われている」と感じていると，発達障害の傾向をもっていない定型発達と呼ばれる人でも社会性を発揮しにくいですよね。発達障害のグレーゾーンと呼ばれる子どもたちは，疎外感の影響をなおさら強く受けてしまいます。周りの理解がないと，周りへの敵意や悪意に過敏な子どもになりがちなのです。

　言い換えれば，周りに愛されていれば落ち着いて社会性もそれなりに育ったはずの子どもも，周りの理解がないことで愛着障害に陥ってしまいます。第4章で紹介したように発達障害の傾向が強くても，周囲の他者への信頼感さえあれば社会に存在を祝福される可能性は高いと言えます。家庭でも，保育所でも，学校でもこの可能性を守ってあげたいですよね。ここでは，性格が気になる子どもとの付き合い方を考えてみましょう。

3.「頑固で不機嫌」は大人になると
成功の鍵になるかも

　まず,「子どもが頑固で……」というお悩みから考えてみましょう。実はこのように悩む保育者や母親は本当に多いです。ですが,子どもの頑固さはそう悪いものではありません。目的の達成意識が育っているということでもあるのですから。実際,いくつかの研究で意志の強さは社会的な成功につながりやすいことを示唆するデータが示されています[35]。頑固は使い方によって良いものにもなるのです。

　ただ協調性が求められやすい日本の社会では,子どもの頑固さは「この子の将来は大丈夫かしら……」という心配につながりやすいようです。親も周りに素直さをはじめとした協調性を求められて育ってきています。

　たとえば,日本の親は諸外国と比べて子どもに周りを思いやること,迷惑をかけないこと,などの協調性を求める傾向が強いというデータもあります[34]。学校でも教師は子どもに思いやりや学校行事への協調性を育てようと意識しているというデータがあります[24]。多くの学校で子どもが教師の期待どおりに行事に協力的でないことで,家庭の教育力が疑問視されます。このことで母親はますます余裕をなくして子どもに厳しくなり,子どももさらに頑なになる……というケースもあります。

　もちろん,頑固さが社会での成功につながるには,周囲と良好な関係を維持できる協調性や素直さが必要なことは言うまでもありません。したがって,子どもが日本で生きていくことを考えるなら,子どもの意志は尊重しつつ素直になることのメリットを教えなければならないのです。

4. 良い頑固と単なる自分勝手を見分ける

次に「目的達成意識が明らかな良い頑固」と「単なる自分勝手」でしかない改善したい頑固の違いについて考えてみましょう。目的達成意識が明らかな頑固とは「やり始めたことはやり遂げたい」「決められた（または自分で決めた）ことはちゃんとやりたい（勤勉性）」「○○さんには必ず挨拶したい（社交性・外向性）」などの動機づけがある場合です。

次に改善したい頑固について考えてみましょう。大きく分けると二つのタイプがあります。

一つは純粋に自分の喜びを追求しようとする頑固さです。大人への反抗や反論，または「周りを思いどおりに動かしたい」という支配性がなく，たとえば「ご飯は○○が食べたかったのに！」「着るものは○○じゃないと嫌だ！」「もっと遊びたい！」「お風呂嫌だ！」などが該当します。

このパターンなら脳の育ち具合を意識しながら対応すれば大丈夫です。実は健常（定型）な発達をしている子どもでも，3歳児まで周りの都合や気持ちを察するのは難しいのです。特に発達障害の傾向があると，ADHDでは行動的になりやすい関係で，自閉症では目的意識が強すぎる関係で，周りの想いを察する能力の発達がゆっくりになることが多いようです。

発達障害の傾向があると「我の強い子」と性格の問題を疑われることが多いのですが，察する能力がないわけではなく育ちが遅いだけです。周りの子が先に素直で聞き分けが良くなってくると心配になるようですが，ゆっくり目に考えてあげましょう。

5. 我の強い子との関わり方

　では「我が強い子」にはどのように関わればよいのでしょうか。欲求がベースにある頑固は禁じようとすると，余計に抑制が効かなくなって激しくなります。第5章で紹介したストレスフルな相互作用のサイクルに陥ってしまうと，子どもが叫び疲れて大人しくなるまで収集がつかないことになります。

　我の強さに反論や「勝ち負け」の要素がなく喜びを追求しているだけなら，いい意味で子どもの頑固さを「ごまかして」あげましょう。ここでいう「ごまかす」とは子どもの注意を切り替えてあげるという意味です。

　まずは「今度，できるときにそうしよう」と子どもの希望に応じる姿勢を示しましょう。そして「(今は) ○○しようよ！」と子どもの注意を引く他の何かに切り替えてあげることをオススメしています。

　ご家庭の場合はTVやスマホの活用も一つの方法です。この方法はTV育児，スマホ育児と批判されることもありますが，子どもが聞き分けられなくなっているときにお互いにストレスを抱えるよりは良い方法と言えるでしょう。

6. 「諭す」は脳の成長が追いつかないときは ストレスにしかならない……

　よく「子どもに言い聞かせる（諭す）」または「『我慢を教える』ために子どもに強く，厳しく諭す」が良いと思われる方が多いようです。これは，子どもの脳が我慢できるまで育っている場合に限ります。

　実は諭されている時間は子どもにとって「やりたいようにできない」と葛藤する時間になります。「したいようにできない……」という欲求

不満を体験する時間が伸びるのです。欲求不満体験が長引くと特定の欲求への固着を生み出してしまいます。逆に聞き分けがなくなりやすいのです。ここで子どもの注意を他の何かに切り替えてあげれば，子どもの中では「したいようにできなかった……」という時間が終了します。子どもにも大人にもストレスが少ない状況になるのです。我慢の力が育つまでは「切り替えてあげる」が重要なのです。

なお，子どものストレスに耐える力は弱いです。「早いうちから我慢する力を育てる」と成熟を急ぐことで，逆に我慢する力が育たない場合もあります。ヒトの脳には衝動を抑制する力，すなわち我慢する力が備わっています。ただ，ヒトの脳は20代半ばまでゆっくりと成長を続けると言われています。なので，子どもはヒトの脳が十分に育っていません。そのため，子どもに我慢や分別を期待するのは，本当は難しいことなのです。

周りの他者への関心が育ってきたらサルの脳が育ってきたサインです。そして衝動に身を任せることへの疑念が育ってきたらヒトの脳が機能し始めたサインです。それまでは強く諭すことは待ってあげたほうがよいことが多いようです。

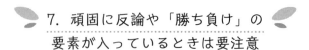

7. 頑固に反論や「勝ち負け」の要素が入っているときは要注意

一方で誰が得をするのかわからない頑固さもあります。たとえば大人が「〇〇くん，大きくなったね」と声をかけたときに，幼稚園児が「子どもだから大きくない」と反論したり，「いい天気だね」と声をかけられて「雲があるからいい天気じゃない」，先生の「『みんなで』〇〇しましょう」に対してみんなが一斉に動かないときなどに「先生が『みんなで』と言ったじゃないか！」など屁理屈にも思えるような主張や反論がその例です。このような頑固さの背景はいくつか考えられます。

たとえば，独特の言葉の定義をもっていたり，単に極端な思い込みをしているという場合です。このような場合は「そうとも言えるね。でも，これくらいならこう言ってもいいんだよ」とちょっと屁理屈ゲームに付き合ってあげて定義の幅を広げてあげるのも一つの付き合い方です。

また，わざと反抗して大人との信頼関係を試している場合もあります。この場合は好意的なリアクションを返すと，素直に喜べないにしても大人が付き合ってくれたことに満足すれば，思い込みや独自の定義の修正を受け入れてくれる場合もあります。

 ## 8. 勝ち誇った態度が入っているときは もっと要注意！

しかし，時には「大人をやり込めた」という勝ち誇った態度をとる子どももいます。このような態度が続く場合はちょっと注意が必要です。背景に「誰も自分のことを理解してくれない」という周囲への不信感や愛着の障害がある可能性があるからです。このような態度を続けていると「尊大で失礼な子ども」と人格を疑われて周りから愛されなくなります。

ここにADHDの傾向も加わっていると，矢継ぎ早に尊大に屁理屈を振り回すのでさらに周りの大人にうんざりされてしまいます。結果的に成長とともに不信感や愛着障害が拡大しがちです。このような尊大なタイプは扱いづらいものですが，屁理屈に付き合ってできる限り褒めてあげるのも一つの方法です。褒められてちょっとでも嬉しかったら，自分から変なこだわりを修正してくれる場合もあります。できれば小学校に上る前まで屁理屈にはそこそこ付き合ってあげましょう。

「雲があるからいい天気じゃない」の例なら，「雲があったら晴れじゃないの？」と問いかけてあげましょう。「雲が出てる日は曇りだよ」と

勝ち誇ったように偉そうな態度で言うかもしれません。ここで，「あのね，ちょっと雲があってもお日様が出ている日は……」などと説得的に諭すのは慎重になったほうが良いでしょう。大人の説得的な意図が伝わることで心理的な抵抗感が生まれるからです[38]。ここは「雲が出てる日は曇りなんだね」または「なるほど〜，よく考えてるね〜」などのように，子どもの主張を尊重しつつ付き合ってあげましょう。そうすると，信頼関係ができて「うん，でもちょっとは雲があっても（晴れで）いいかも」と譲ることができるようになったり，別の場面でもっと素直になれたりする場合もあります。

いずれにしても，そのままにしておくと年齢が上がるとともに不信感も愛着障害もより深刻になって手がつけられなくなるかもしれません。できる限り早いうちからじっくりと付き合ってあげてください。

9. 自分の世界に入り込む子ども①
──疲れやすい子ども──

ここでは「他の子と遊ばない」「自分の世界に入り込んで一人で遊んでいる」など，自分の世界に没頭しがちな子どもについて考えましょう。日本では「みんなと仲良く」が良いことのように思われがちです。そのため，大人は子どもを人の輪に入れようとすることが多いようです。子どもが人の輪に関心を示しながらも入り方がわからないときは，大人が手を貸して入れるように促してあげることが必要です。

ですが，別の理由で自分の世界に没頭して遊んでいる場合もあります。このような子どもは，多くは二つのパターンで考えられます。一つは発達障害の問題が背景にある場合ですが，もう一つは性格的に内向的な場合です。内向とは刺激に敏感で繊細なあまり，人と遊ぶことに疲れやすい性格です。内向的な子どもは周りの賑やかさやペースの速さについていけない場合が多いようです。ここでは図9-1のように四つのパ

第9章　特徴別「グレーゾーンの子ども」に関わるヒント③　147

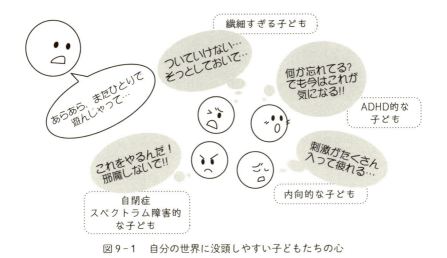

図9-1　自分の世界に没頭しやすい子どもたちの心

ターンについて考えてみましょう。

10. 内向的な性格は発達障害とは違う

　では，内向的な性格と発達障害はどのように違うのでしょうか。私たち人間は基本的によく似た体の構造をもっていますが，微妙に個人差があります。感覚器官の過敏さやそこから発生する感覚のインパルスの強度にも個人差があります。中には他の子どもにはちょうどいい刺激でも，強すぎて不快に感じてしまう子どももいるのです。これが内向的な子どもの神経基盤です。こういう子どもはちょっと隠れられるような多少静かな場所を見つけて，一人遊びをしているようなこともあります。

　また，人の声や表情といった「人刺激」は私たちの脳が最も反応しやすい刺激の一つです。長い間，人刺激にさらされ続けていると脳が疲れてしまいます。特に多少でも愛着障害の傾向をもった子どもは，人刺激を受けるたびに警戒心が掻き立てられるので，さらに疲れてしまいます。このような子どもも無理にみんなと遊ばせると疲れてしまって，抑

制が効かずに周りに攻撃的になってしまう場合もあります。周りとの関係が悪くなる中で愛着障害が深刻化するきっかけになる場合もあります。

　神経が過敏な場合も人刺激に過敏な場合も他の子どもには何ともないような場面でもひどく疲れてしまうのです。感覚が違う子どもや，人に疲れやすい子どもを「一人で可哀想」と無理に仲良くさせようとしてもストレスにしかならないでしょう。他の子どもや大人と楽しめる限界を迎えたら，ちょっと隠れられる場所で一人遊びや休憩ができるように考えてあげましょう。

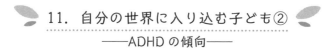

11. 自分の世界に入り込む子ども②
――ADHD の傾向――

　次に発達障害の場合を考えてみましょう。「一人遊び中は声をかけても気づかない」「遊びに誘っても乗ってこない」「人の真似をしない」「無表情に何かに集中している」，このような没頭のしかたが目立つ子どもは，発達障害の傾向によって，自分の世界に入り込んでしまうタイプです。

　普段から落ち着きがない ADHD の特徴が見られやすい子どもの場合は，自分の興味が向かっているものに対して興奮してしまうためにこのようになることが多いようです。興奮の対象はテレビや本など子どもを惹きつけるように作られているものだけでなく，カタログやチラシなど思いがけないものに興味が向かう場合もあります。面白そうというワクワク感が抑えきれなくて，注意力のすべてが一時的にそこに集中してしまうのです。その結果，衝動のノイズによって周りが見えなくなり，周囲の変化にも気づけなくなります。このことで周りの友だちや大人が気を悪くしても，そのときの本人は気づけないのです。これも脳がゆっくり発達するために起こっていることです。

そんなときは「いつも自分の好きなことばっかり！」などと人格を疑うような叱り方はしないほうが周囲との信頼関係を守るためにも良いでしょう。言い聞かせてわかる年齢までは物理的な安全にも社会的な安全にも配慮してあげつつ（第4章参照），好きなことに没頭させてあげることで創造性を育ててあげるのも一つの方法です。

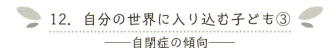

12. 自分の世界に入り込む子ども③
―― 自閉症の傾向 ――

　一方で同じ遊びをずっと繰り返す自閉症の特徴が目立つ子どもの場合は，大人が用意した玩具で期待どおりに遊ばないことが多いようです。手触りや触り心地など，独特の感覚でお気に入りの何かを見つけて離そうとしないようなこともあるようです。タオルや手ぬぐいがお気に入りの場合は，洗ってしまうと感情的に不安定になることもあります。何かを子どもなりの規則で並べることにこだわる場合もあります。

　お気に入りの何かでひたすら一人遊びをしている場合も，何かの場面の再現を喜ぶ「再現遊び」が好きで人を巻き込んでいる場合もあります。いずれにしても自分の世界に入り込んでいるので，年齢が近い子どもと一緒に遊ぶのは難しく孤立することも多いようです。このような子どもに対しては，まずは大人が期待する遊び方をしないことで子どもに失望することを避けましょう。子どもは遊び創造の天才と考えて，好きにさせておいてあげることも大切なことです。また子どもの独自の遊びに大人が不用意に入り込むと子どもの世界を脅かしてしまうので，子どもの社会性を育てるには逆効果な場合もあります。人に興味がないように見えることもありますが，人が何かを楽しんでいると「何をやっているんだろう……」と不意に興味を示すこともあります。お互いの世界を尊重し合うつもりで程よい距離感を保ちながら，この距離感を楽しんであげることも重要です。

大切なことは子どもなりの遊びは子どもの「発達の最近接領域」を最も見つけられる場面です。子どもの何が今育ちつつあるのか，その視点で子どもの遊びを見てあげることが重要です。そして介入や信頼関係作りを焦らずに見守ってあげましょう。自閉的な子どもは自分の遊びの世界に侵入されると脅かされてしまいます。子どもが自分の世界に大人を巻き込もうとするまで待ってあげることが重要なのです。

13. この章のまとめ

　子どもの発達は常に子どものペースです。ですが子どもの心は子どもの存在を祝福する大人の存在で育ちます。子どもの頑固さも，独自の遊びも，お互いの存在感を確認し合う最も良いチャンスです。子どもの発達を心配するあまり，そのチャンスを逃すのはもったいないことです。まずは頑固さも遊びも大切にする姿勢をもって，周囲への不信感や愛着障害を拡大するリスクを避けましょう。
　「我の強い子ども」に対しては「切り替えてあげる」を基本として，「強く諭す」は我慢の力が育つまで最低限にしましょう。勝ち負けの要素が入っている屁理屈的な頑固なら屁理屈ゲームに付き合ってあげることも必要です。
　一人で遊ぶ子どもには人の輪は刺激が強すぎて疲れることも多いので，一人になれる時間と空間を大切にしてあげましょう。また自分の世界に入り込む子どもは，没頭させることで創造性を育てたり，自分の世界を尊重することで周囲の大人との信頼感を育てたりと，「今，育ちつつある何か」を意識しながら見守ってあげましょう。

■文　献

1) Amen, D. G. (2013). *Healing ADD: The Breakthrough Program that Allows You to See and Heal the 7 Types of ADD*. New York: The Berkley Publishing, revised edition.

2) American Psychiatric Association (2013). *Diagnostic and Statistical Manual of Mental Disorders* (DSM-5). 日本精神神経学会（日本語版用語監修），髙橋三郎・大野　裕（監訳）(2014). DSM-5　精神疾患の診断・統計マニュアル. 医学書院.

3) 有田秀穂 (2011). 人間性のニューロサイエンス──前頭前野，帯状回，島皮質の生理学. 中外医学社.

4) 綾田すみれ (2017). 歴史的業績を残した人物に関する発達障害についての研究. 臨床心理学研究（東京国際大学），**15** (2), 17-36.

5) Bower, G. H. (1981). Mood and Memory. *American Psychologist*, **36** (2), 129-148.

6) 土居健郎 (2007). 甘えの構造［増補普及版］. 弘文堂.

7) Fonagy, P. (2001). *Attachment Theory and Psychoanalysis*. New York: Other Press. 遠藤利彦・北山　修（監訳）(2008). 愛着理論と精神分析. 誠信書房.

8) 福田由紀（編著）(2010). 心理学要論──こころの世界を探る. 培風館.

9) 福西勇夫・福西朱美 (2015). マンガでわかる　大人の ADHD コントロールガイド. 法研.

10) 五味美奈子 (2015). 就園児の母親が認知する子どもの情緒の構造──保育現場における母親相談支援への活用. 幼児教育学研究，**22**, 18-24.

11) 五味美奈子・杉山　崇 (2008). 母親の認知をベースにした子どもの"気になる"行動の因子構造. 日本心理学会大会発表論文集，**72**, 25.

12) 五味美奈子・杉山　崇 (2013). 母親による幼児の情緒認知の構造について──母親が相談しやすい５つの因子. 心理相談研究（神奈川大学心理相談センター紀要），**4**, 135-145.

13) Hashimoto, K., Ichikawa, R., Kitamura, K., Watanabe, M., & Kano, M. (2009). Translocation of a "winner" climbing fiber to the Purkinje cell

dendrite and subsequent elimination of "losers" from the soma in developing cerebellum. *Neuron*, **63** (1), 106-118.

14) 林　寧哲（監修），對馬陽一郎（著）(2017)．ちょっとしたことでうまくいく発達障害の人が上手に働くための本．翔泳社．

15) 星　一郎（2012）．アドラー博士が教える 子どもの「くじけない心」を育てる本．青春出版社．

16) 伊藤　博（2016）．教育の理念——教育の歴史及び思想の概観．大手前大学論集，**16**，1-19．

17) 伊藤美佳・杉山　崇（2017）．カウンセラー発 学生対応のコツ（大学 FD・SD 用 e-ラーニング教材）．金沢電子出版．

18) 鍛治谷　静（2015）．DSM-5の改訂とグレーゾーンの子ども達の支援．四條畷学園短期大学紀要，**48**，25-29．

19) Komeda, H., Kosaka, H., Saito, D. N., Inohara, K., Munesue, T., Ishitobi, M., Sato, M., & Okazawa, H. (2013). Episodicmemory retrieval for story characters in high-functioning autism. *Molecular Autism*, **4** (20), 1-9.

20) Lorenz, K. (1943). Die angeborenen Formen möglicher Erfahrung. *Zeitschrift für Tierpsychologie*, **5** (2), 235-409.

21) Mahler, M. S., Pine, M. M., Pine, F., & Bergman, A. (1975). *The Psychological Birth of the Human Infant: Symbiosis and Individuation*. New York: Basic Books.

22) 文部科学省（1999）．学習障害児に対する指導について（報告）．［http://www.mext.go.jp/a_menu/shotou/tokubetu/material/002.htm］（2019年 3 月15日取得）

23) 文部科学省（2003）．「今後の特別支援教育の在り方について（最終報告）」参考資料．［http://www.mext.go.jp/b_menu/shingi/chousa/shotou/054/shiryo/attach/1361204.htm］（2019年 3 月15日取得）

24) 文部科学省（2006）．「教員意識調査」「保護者意識調査」報告書．［http://www.mext.go.jp/a_menu/shotou/kyuyo/07061801/001.pdf#search='%E6%96%87%E9%83%A8%E7%A7%91%E5%AD%A6%E7%9C%81+%E5%AD%A6++%E6%95%99%E5%93%A1%E6%84%8F%E8%AD%98%E8%AA%BF%E6%9F%BB+%E4%BF%9D%E8%AD%B7%E8%80%85%E6%84%8F%E8%AD%98%E8%AA%BF%E6%9F%BB'］（2019年 3 月15日取得）

25) 本川達雄（1992）．ゾウの時間 ネズミの時間——サイズの生物学．中央公論新

社.

26) 越智啓太 (編著) (2016). ビジュアル心理学百科——基本から研究の最前線ま
で. 創元社.

27) 小川雅美 (1994). 不安神経症患者と両親の養育態度の関連. 東京女子医科大
学雑誌, **64** (5), 418-423.

28) Plucker, J. A. & Levy, J. J. (2001). The downside of being talented
[electronic version]. *American Psychologist*, **56** (1), 75-76.

29) Reis, S. M. & Renzulli, J. S. (2004). Current research on the social and
emotional development of gifted and talented students: Good news and
future possibilities. *Psychology in the Schools*, **41** (1), 119-130.

30) 佐々祐子 (2009). 社会性に関与する脳機能メカニズム——脳機能イメージン
グ研究からの検討. 精神神經學雑誌, **111** (11), 1407-1412.

31) Seligman, M. E. P. & Maier, S. F. (1967). Failure to escape traumatic
shock. *Journal of Experimental Psychology*, **74** (1), 1-9.

32) 汐見稔幸 (2013). 本当は怖い小学一年生. ポプラ社.

33) Skinner, B. F. (1953). *Science and Human Behavior*. New York: McMillan.

34) 総務庁青少年対策本部 (1995). 子供と家族に関する国際比較調査の概要.
[https://www8.cao.go.jp/youth/kenkyu/kodomo/kodomo.htm」 (2019年3
月15日取得)

35) Spengler, M., Brunner, M., Damian, R. I., Lüdtke, O., Martin, R., &
Roberts, B. W. (2015). Student characteristics and behaviors at age 12
predict occupational success 40 years later over and above childhood IQ
and parental socioeconomic status. *Developmental Psychology*, **51** (9),
1329-1340.

36) 杉山 崇 (2010). グズほどなぜか忙しい!——何でも先延ばしにしてしま
う, ダメな人たちへの処方箋. 永岡書店.

37) 杉山 崇 (2018). 心理学者・脳科学者が子育てでしていること, していない
こと——「成功する子」に育てるコツ, こっそり教えます. 主婦の友社.

38) 杉山 崇 (編著) (2015). 入門! 産業社会心理学——仕事も人間関係もうま
くいく心理マネジメントの秘訣. 北樹出版.

39) 杉山 崇・越智啓太・丹藤克也 (編著) (2015). 記憶心理学と臨床心理学のコ
ラボレーション. 北大路書房.

40) 杉山 崇・島袋綾音 (2018). 自閉性スペクトラム障害は社会性の障害と定義

してよいのか？　心理相談研究（神奈川大学心理相談センター紀要），**9**，25-32.

41) Thorndike, E. L. (1920). A constant error in psychological ratings. *Journal of Applied Psychology*, **4**（1），25-29.

42) 八幡憲明・石井礼花（2011）．報酬系を通した注意欠如・多動性障害の病態理解．日本生物学的精神医学会誌，**22**（4），253-256.

43) 山口真美（2016）．発達障害の素顔——脳の発達と視覚形成からのアプローチ．講談社.

44) 山口　求（2002）．小1プロブレムの原因を探る——日韓における小学1年生の生活調査比較．児童教育研究，**11**，81-89.

●おわりに●

発達障害の子どもと人類のダイバシティ

　本書を最後まで読んでくださってありがとうございます。気になる子どもたちを心理学，脳科学のフィルターを通して見てみていかがだったでしょうか。今までとはちょっとでも違う何かに気づいていただけたら，筆者としては嬉しいです。

　そして，その気づきがあなたの子どもへのアクションと子どものリアクションの良い変化につながっていたら，もっと嬉しいです。小さな変化の積み重ねかもしれませんが，お互いに幸せな保育や教育に向かっていることでしょう。

　発達障害の概念は歴史的な変遷が多く，その原因や対処方法に誤解が多い時代が続いていました。母原病と言われた時代は母親のせいにされました。微細脳機能障害と言われた時代は，よくわからないけれど脳の障害だと考えられていました。いずれにしても，周囲の大人を困らせるところに注目されて，発達障害という個性の良い面が見過ごされてきていました。

　しかし，近年の心理科学や脳科学の進歩はその謎の多くを解き明かしています。本書でご紹介したように脳の使い方の個性が発達障害です。近年の研究では発達障害をもつ人たちの特性が社会を発展させてきたことが注目されるようになりました。

　実は人類の大多数は動物としては極めて偏った脳の使い方をしています。だって，他の動物は大震災の前触れを感じて騒いでいる中で，人類だけがお互いの顔色ばかり気にして何も気づかないのですから。動物全

般で考えたときには，大多数の人類のほうが「変」なのです。大多数とは違う脳の使い方をする人もいないと，社会のバランスが悪くなりますよね。だから，発達障害と呼ばれる人たちが一定の割合以上で存在する社会のほうが多様性や柔軟性があって，生存競争に有利だったのです。発達障害は母原病でも，機能障害でもなく，これはこれで人類社会の中に留めておくべき一つの大切な個性であり，才能なのです。

　つまり，発達障害は決して社会のお荷物ではなく，社会を発展させる重要な戦力であり，社会の財産です。日々の対応は大変なときが多いと思いますが，「ちょっと違う子どもだから，ちょっと違う社会貢献ができる」と信じてあげられたらと思います。

　また，私の研究では自閉症スペクトラム障害の社会性の問題は実は二次的な問題で，本当の問題はワーキングメモリ実行機能と呼ばれる注意のコントロールの問題だと示唆されました。この結果は，自閉症スペクトラム障害の方は大多数のみんなと見ているところが違うからコミュニケーションが難しくなっているだけで，社会性の問題と言われるものはほとんどが二次的な問題にすぎないことも示唆します。また，私が懇意にしている研究者，米田英嗣先生（青山学院大学）らの研究では，自閉症スペクトラム障害の人同士では相互に共感もし合っていることが示唆されています。自閉症スペクトラム障害であっても，本当は社会性の素になる力をもっているのです。したがって，良い保育や教育で，定型発達と言われている大多数の人たちと自閉症スペクトラム障害と呼ばれている人たちが共感し合える可能性もあるのです。大人の事情を通してみると，協力してくれない子どもたちは困った存在になります。ただ，やり方次第では一緒に幸せに生きることも難しくないのかもしれません。

　ところで，現在，ダイバシティ（多様性）社会が進展中です。これは，お互いの違いを忌み嫌うのではなく，お互いの違いを尊敬して大切にしようというアプローチです。発達障害におけるダイバシティは脳機能の違いということで，ニューロダイバシティ（neuro-diversity）と

も呼ばれています。私は幼児から高齢者まで広い年代の心理支援を行っていますが，この問題は子どもの保育や教育だけでなく，大学など高等教育での人材育成，成人後のコミュニティや職場への適応，就労支援，職場定着支援など，多くの年代の多くの場面で発達障害の科学的理解に基づいた支援が発展中です。まずは，明日のあなたが，子どもとの関わりの中でダイバシティ社会を実現してくれたら素晴らしいことです。ぜひ，ご一緒に目指しましょう！

　最後に，この本は読者のあなたと子どもの笑顔が増えることを願いながら書きましたが，背景には多くのご支援がありました。まず，心理学からの保育，教育の本ということで類書にはない大胆な内容が多く含まれましたが，自由に執筆させてくださった誠信書房編集部のみなさまに深く感謝します。また，物心両面で多大なサポートをくださった誠信書房の布施谷友美さま，保育の指導者，教育者として実務者に響く表現など助言をくださった青山学院女子短期大学特任准教授で長年の弟子でもある五味美奈子さんのお力添えにあつく御礼を申し上げます。多くの人たちが，あなたと子どもの幸せな日々を願い，支えたいと思っているのです。どうぞ，そのことを忘れずにいてください。

●著者紹介

杉山　崇（すぎやま　たかし）

1970年　生まれ
2002年　学習院大学大学院人文科学研究科博士後期課程満期退学
2002年　長野大学社会福祉学部専任講師
2004年　山梨英和大学人間文化学部専任講師
2007年　山梨英和大学人間文化学部准教授
2008年　神奈川大学人間科学部人間科学科准教授
現　在　神奈川大学人間科学部人間科学科教授，神奈川大学就職
　　　　支援部長，法政大学大学院兼任講師（非常勤），臨床心
　　　　理士，公認心理師，1級キャリアコンサルティング技能士
著　書　『これからの心理臨床』（共編著）（ナカニシヤ出版，
　　　　2007年），『臨床に活かす基礎心理学』（共編著）（東京大
　　　　学出版会，2009年），『事例でわかる心理学のうまい活か
　　　　し方』（共編著）（金剛出版，2011年），『カウンセリング
　　　　と援助の実際』（共編著）（北樹出版，2012年），『入門！
　　　　産業社会心理学』（編著）（北樹出版，2015年），『記憶心
　　　　理学と臨床心理学のコラボレーション』（共編著）（北大
　　　　路書房，2015年），『キャリア心理学ライフデザイン・
　　　　ワークブック』（共著）（ナカニシヤ出版，2018年），『事
　　　　例で学ぶ　働く人へのカウンセリングと認知行動療法・
　　　　対人関係療法』（金子書房，2019年），ほか多数

心理学でわかる発達障害「グレーゾーン」の子の保育

2019 年 7 月 20 日　第 1 刷発行
2025 年 4 月 10 日　第 3 刷発行

著　者　杉　山　　　崇

発　行　者　柴　田　敏　樹

印　刷　者　藤　森　英　夫

発　行　所　株式会社　誠　信　書　房

〒112-0012　東京都文京区大塚 3-20-6
電話　03（3946）5666
https://www.seishinshobo.co.jp/

© Takashi Sugiyama, 2019　　　　　印刷／製本：亜細亜印刷㈱
<検印省略>　　落丁・乱丁本はお取り替えいたします
ISBN978-4-414-41657-2 C3011　　　　Printed in Japan

JCOPY <出版者著作権管理機構　委託出版物>

本書の無断複製は著作権法上での例外を除き禁じられています。
複製される場合は，そのつど事前に，出版者著作権管理機構
（電話 03-5244-5088，FAX 03-5244-5089，e-mail : info@jcopy.or.jp）
の許諾を得てください。

心理と保育の専門家が伝える保育がもっとうまくいく方法
子どもの発達・保護者支援・セルフケア・外部連携

樋口隆弘 編著

幼稚園や保育園の仕事で直面する「困った」に対応する具体的な知識と方法を集約。保育者・心理職としての対応力が大幅に向上する。

主要目次
第1章　子どもを理解して関わる
　第1節　発達の遅れを抱える子ども/他
第2章　保護者を理解して関わる
　第1節　虐待，DV
　第2節　精神疾患(うつ病，不安症，強迫症)
　　　　を抱える保護者/他
第3章　先生方が自分自身に優しくする
　第1節　見通しの持ち方
　第2節　セルフケア/他
第4章　外部機関と連携する
　第1節　相談窓口としての幼稚園など
　第2節　小学校就学前の乳幼児に対する
　　　　特別支援の状況/他

A5判並製　定価(本体2700円+税)

はじめてのプレイセラピー
効果的な支援のための基礎と技法

大野木嗣子 著

プレイセラピーに必要なのは理論に裏打ちされた確かな技法である。導入から集結までの技術を具体的に解説した、子どもの臨床家必読の書。

主要目次
序　章　プレイセラピーの魅力的な世界
第Ⅰ部　プレイセラピーの基本
第1章　遊びのもつ治癒的な力
第2章　発達、愛着、脳と遊び
第3章　プレイセラピーとは何か/他
第Ⅱ部　プレイセラピーの技法とすすめ方
第6章　子どもとのセラピーにおける基本
第7章　トラッキング:行動の言語化
　　　　──プレイセラピーの応答における
　　　　基本技法①/他
第Ⅲ部　プレイセラピー実践に必要なことがら
第15章　親への対応
第16章　プレイセラピー部屋・おもちゃ・構造
第17章　プレイセラピスト、逆転移、文化、セルフケアとスーパービジョン/他

A5判並製　定価(本体2800円+税)

マイステップ［改訂版］
性被害を受けた子どもと支援者のための心理教育

野坂祐子・浅野恭子 著

子ども自分の心身に起こっていることを知り心を守る術を身につけるのが、回復へのステップとなる。性被害を受けた子どもを支える全ての人に。

目次
I　支援者が知っておきたいこと
　第1章　性暴力を受けた子ども
　第2章　性暴力による影響
　第3章　性暴力被害を受けた子どもへの支援
　『マイ ステップ』の使い方 Q&A
II　支援の実際
　『マイ ステップ』の進め方
　　ステップ1　自己紹介をしよう
　　ステップ2　自分のからだは自分だけの大切なもの
　　ステップ3　自分のこころの状態を知ろう
　　ステップ4　からだと行動の変化
　　ステップ5　自分の考えかたに気づこう
　　ステップ6　あなたができること
　　ステップ7　これからのわたしのために

B5判並製　定価(本体2500円＋税)

あなたに伝えたいこと
性的虐待・性被害からの回復のために

シンシア・L・メイザー / K・E・デバイ 著
野坂祐子・浅野恭子 訳

子どもの頃に性被害を受けて立ち直った著者が、自らの実体験から得た知識に基づく回復のためのアドバイスを具体的詳細に伝える。

目次
第I部　痛みが始まる
　1. あなたはひとりじゃない
　2. あれは本当に性暴力だったの？
　3. インターネット性犯罪
第II部　助けを求めよう
　4. だれかに話すこと
　5. まわりの人はなんて言うだろう？/他
第III部　さらなる前進
　8. 回復することも、ひとつの選択肢
　9. 生き抜いてきた自分を誇ろう/他
第IV部　知っておきたいこと
　13. 加害者について知っておくべきこと
　14. 友だちとして知っておくべきこと
　15. サバイバーからあなたへのメッセージ

A5判並製　定価(本体3600円＋税)

子どものトラウマ治療のための絵本シリーズ

えがおをわすれたジェーン

J・カプロー、D・ピンカス 作　B・シュピーゲル 絵 / 亀岡智美 訳

ジェーンが周囲のサポートや母親とのふれあいによって最愛の父の死を乗り越える物語。愛する人の死別への対処法がわかる。

A4変形判上製　　定価（本体1700円＋税）

こわい目にあったアライグマくん

M・ホームズ 作　キャリー・ピロー 絵 / 飛鳥井 望・亀岡智美 監訳

酷い出来事を目撃して苦しむアライグマくんのお話。暴力事件、ＤＶ、事故、自然災害などによる二次被害の影響に苦しむ子どものために。

A4変形判上製　　定価（本体1700円＋税）

さよなら、ねずみちゃん

R・ハリス 作　ジャン・オーメロッド 絵 / 飛鳥井 望・亀岡智美 監訳

少年とペットのねずみちゃんの別れを優しい絵と文章で綴る絵本。死別という避けて通れない人生の現実を学ぶための大切なレッスン。

A4変形判上製　　定価（本体1700円＋税）

ねぇ、話してみて！

ジェシー 作、絵 / 飛鳥井 望・亀岡智美 監訳

性虐待を受けた少女が自分の体験と気持ちを絵本にした。子どもに読み聞かせることで、性虐待の発見と理解、援助、未然防止が可能になる。

A4変形判上製　　定価（本体1700円＋税）

親と離れて暮らす子どものための絵本シリーズ

モリスといっぱいのしんぱいごと

ジル・シーニー 作　レイチェル・フーラー 絵 / 鵜飼奈津子 訳

心配事を抱えたモグラのモリスが、信頼できる存在に悩みを打ち明け、心が楽になる姿を描いた本。不安への対処法が理解できる。

A4変形判上製　定価(本体1700円＋税)

エルファと思い出のはこ

ミシェル・ベル 作　レイチェル・フーラー 絵 / 鵜飼奈津子 訳

養育者の交代や環境の変化で混乱しているゾウのエルファが、思い出を振り返り、自分のアイデンティティを確立していく物語。

A4変形判上製　定価(本体1700円＋税)

ルーファスのあんしんできるばしょ

ジル・シーニー 作　レイチェル・フーラー 絵
鵜飼奈津子 監訳　中澤鮎美 訳

ひどい飼い主のもとから新しい飼い主のところへやってきたネコのルーファスが、心から安らげる自分の居場所を見つけるお話。

A4変形判上製　定価(本体1700円＋税)

子どもの心理臨床（全9巻18冊）

解説書

不安や強迫観念を抱く子どものために (1-1)
■ B5判・96ページ / 本体 1,800円　■ 978-4-414-41351-9

恐怖を抱えた子どものために (2-1)
■ B5判・176ページ / 本体 2,400円　■ 978-4-414-41352-6

感情を抑圧した子どものために (3-1)
■ B5判・72ページ / 本体 1,700円　■ 978 4 414 41353 3

思いやりをなくし、弱いものいじめをする子どものために (4-1)
■ B5判・104ページ / 本体 1,900円　■ 978-4-414-41354-0

大切なものを失った子どものために (5-1)
■ B5判・112ページ / 本体 2,000円　■ 978-4-414-41355-7

自信を失っている子どものために (6-1)
■ B5判・128ページ / 本体 2,000円　■ 978-4-414-41356-4

怒りや憎しみにとらわれた子どものために (7-1)
■ B5判・256ページ / 本体 2,800円　■ 978-4-414-41357-1

愛する人を待ちわびる子どものために (8-1)
■ B5判・64ページ / 本体 1,400円　■ 978-4-414-41358-8

夢や希望をもてない子どものために (9-1)
■ B5判・64ページ / 本体 1,400円　■ 978-4-414-41359-5

絵　本

ゆらゆら君とまっすぐ君 (1-2)
■ B5判・36ページ / 本体 1,400円　■ 978-4-414-41361-8

大きな世界のおちびのウィーニー (2-2)
■ B5判・40ページ / 本体 1,400円　■ 978-4-414-41362-5

へっちゃら君 (3-2)
■ B5判・40ページ / 本体 1,400円　■ 978-4-414-41363-2

ふわふわころりんのプーミン（と、えっへん3兄弟）(4-2)
■ B5判・48ページ / 本体 1,400円　■ 978-4-414-41364-9

海が戻ってこなくなった日 (5-2)
■ B5判・48ページ / 本体 1,400円　■ 978-4-414-41365-6

私ってごみくず、かな?! (6-2)
■ B5判・40ページ / 本体 1,400円　■ 978-4-414-41366-3

ハティは、親切大きらい (7-2)
■ B5判・40ページ / 本体 1,400円　■ 978-4-414-41367-0

お月さまにっこりを待ちこがれたカエル君 (8-2)
■ B5判・36ページ / 本体 1,400円　■ 978-4-414-41368-7

お豆のニューピー (9-2)
■ B5判・32ページ / 本体 1,400円　■ 978-4-414-41369-4